EL MITO DE ADÁN Y EVA Y LA PERVIVENCIA DEL CRISTIANISMO EN OCCIDENTE

– UNA CUESTIÓN DE INTERPRETACIÓN.

RAFAEL PINTOS-LÓPEZ

"Aunque desde hace mucho nos hemos venido persuadiendo del dinamismo privilegiado de las culturas del Occidente, y quizás del exclusivo factor de iconoclasia y futurismo que opera en la ciencia y en la tecnología occidentales, ahora estamos experimentando una sutil contracorriente, una nueva comprensión de nuestro encierro en los antiguos límites del hábito mental. Nosotros también caemos en las fábulas y en los sueños iterativos." – **George Steiner**

A Inés, que un invierno aguantó que la despertara a las cuatro de la mañana con la imperiosa y urgente novedad de que Adán y Eva eran homíninos que habían adquirido uso de razón.

A mis hijos, Hernán, Rodrigo y Millán, tres de las personas que más admiro.

INTRODUCCIÓN

Este libro solo pretende ofrecer una perspectiva histórica distinta dentro de la polémica entre materialistas y cientificistas por un lado, y cristianos y agnósticos por el otro. Hasta ahora, el ámbito de la polémica ha sido que el relativismo, la aceptación, la inclusividad, la lógica, son todos atributos del mundo laico, mientras que la cultura hegemónica y totalitaria es exclusivamente religiosa.

El objeto es buscar una reconciliación lógica entre las partes, pero una reconciliación verdadera, que incluya la realidad postmoderna de hoy en día y la necesidad de la deidad que la humanidad ha demostrado a través de la historia.

Lo que el libro propone es un poco lo de Max Weber (teoría que reconozco como perimida desde hace ya muchos años), de que el Occidente sin el cristianismo no habría existido, pero que incluya el concepto de que el cristianismo, en una nueva y probable reencarnación, cumpliría un papel de importancia en el destino de la humanidad. Y proponemos que el Occidente, tal como lo conocemos, se originó en el cristianismo desde los principios de este último, no con el protestantismo sino, más que nada, con San Pablo. Por otra parte, las distintas iglesias protestantes, debido a sus circunstancias históricas, siempre fueron más excluyentes y tuvieron teologías menos universalistas y menos sincréticas que el catolicismo (que se llamó "universal" a sí mismo, aceptó a los gentiles casi desde el comienzo, y siempre se fundamentó en el judaísmo). El libro incluye otras posturas quizás un tanto más debatibles, como que la ciencia y el cristianismo son ambos parte de un mismo paradigma. Se acepta que son polos opuestos, pero siguen siendo parte esencial del modelo filosófico occidental. Lo que el debate extremista tiende a esconder es que la convergencia es posible y que, en realidad, existe. El péndulo—al ir de un extremo al otro—pasa, inexorablemente, por el medio.

La Biblia ofrece posibilidades de re-evaluar a la religión en términos contemporáneos, post modernistas. Otro concepto, quizás ya advertible, es que la secularización del Occidente se debe, en gran parte, al innegable fundamento cristiano del mismo. El cristianismo y la secularización son elementos complementarios de un proceso histórico. A medida que la secularización progresa el cristianismo va cediendo, sin prisa ni pausa, pero cede de una manera que pareciera un tanto predestinada. Aunque el racionalismo tienda a negarlo, este libro propone, ente otras cosas, que el cristianismo es la religión a través de la cual tal vez se pueda abandonar la religión organizada.

Pero hay mucho más. El libro se fundamenta en una hermenéutica de la Biblia, no tanto una exégesis, o análisis teológico, sino en una interpretación lógica de varios hechos—históricos o que aparecen en el Antiguo Testamento, o en la Biblia Judía —que solo pueden comprenderse desde un punto de vista lógico, racional. En base a esos conceptos, el libro propone ideas.

Los hechos son:

1. El judaísmo del Templo—la religión judía original, la de Moisés y Abraham—era una religión arcaica natural, como otras, con la excepción de que era monoteísta. No tenía ni cielo ni infierno. Los hebreos, como tantos otros pueblos primitivos, no se consideraban ni superiores a los otros animales ni separados de ellos. Cuando morían volvían al polvo. Eso era todo. Entendían que tenían conciencia y que ésta, en algún momento, tendría que haber aparecido para haberse convertido ellos en seres humanos. La conciencia—sabían— era la única diferencia entre ellos y el resto del reino animal. El judaísmo apareció como una religión para una nación de pastores analfabetos que no tenía concepto alguno de más allá. Lo del analfabetismo no es algo peyorativo, sino un hecho comprobado por la arqueología: los hebreos, — como muchos otros pueblos de la época—no conocieron la escritura sino hasta muchos siglos después de la mítica existencia de sus geneaarcas. Que no tenían un concepto de más allá está históricamente probado. El judaísmo rabínico, su descendiente, tampoco acepta el más allá y, si en cierta medida lo hace, es debido a la influencia cristiana. Como explico más adelante, por ese entonces las religiones primitivas naturales tenían como objeto defender al creyente contra todo lo malo. El dios le daba a uno protección contra las malas cosechas, los ejércitos enemigos, los maleantes, los amores contrariados, los

zorros, la incomprensible muerte de algunas ovejas, etc. Por supuesto, esas religiones también proporcionaban pautas jurídicas y de comportamiento social y político. La moral de un pueblo pasaba por su religión. En ese sentido, el judaísmo del Templo contribuyó en alto grado al desarrollo del pueblo hebreo.

2. La *Tanaj*, o Biblia judía, se comenzó a escribir, recabar, recopilar, o transcribir si se quiere, en el siglo VIII AC, en circunstancias que explico un poco más adelante. La interpretación que San Pablo le dio a la mitología hebrea y a la *Torah* (los cinco primeros libros de la Biblia judía) fue algo totalmente revolucionario con resultados quizás inesperados. Puso en evidencia la naturaleza violenta de las religiones arcaicas. El sacrificio era la única manera (homeopática quizás) de contener la violencia, humana y divina. El creyente mataba un animal o a un ser humano inocente para satisfacer a un dios, lograr un favor de dios o simplemente para pedir perdón por algo que había hecho. Humanizar a dios—un ser todopoderoso—y matarlo, convirtiéndolo en víctima de un sacrificio, resaltó incongruencias históricas; posibilitó el proceso opuesto, o sea divinizar no solo a Jesús de Nazareth, sino al ser humano, acercándolo a Dios Padre; dio prioridad al individuo, con sus derechos y libertades que debían ser protegidos; y abrió las puertas a una nueva ética: la occidental. El origen del cristianismo con San Pablo proporcionó un punto de inflexión, si se quiere, entre la religión violenta y la caracterizada por los derechos de los individuos. El encuentro entre las religiones norte y mesoamericanas—azteca y maya —y el cristianismo es una demostración de ello. La

muerte de Jesús resultó entonces en la existencia de un Occidente que no puede aceptar el concepto de "víctima" y, menos aun, el de "víctima humana".

3. El principio del proceso yace —desde mi humilde punto de vista— en el mito de Adán y Eva y la reinterpretación cristiana del mismo (aunque ese mito sea un ejemplo, entre varios, de una superimposición cristiana que terminó escondiendo las ideas originales). Los hebreos, que probablemente intuían la evolución humana de una manera proto-darwiniana, explicaron los orígenes de la humanidad como algo monogenético: una pareja de primates, entre muchos otros, que comienza a tener uso de conciencia. Mi interpretación, cuasi-histórico-científica, se fundamenta en en el hecho de que, de no aplicarse esa interpretación según la entiendo, varios versículos del Antiguo Testamento pierden todo sentido.

La reinterpretación paulina del Paraíso Terrenal, lejos de respetar el espíritu del mito hebreo, retroadapta nociones tales como alma individual inmortal, pecado original, demonio, cielo e infierno, Jesucristo como Hijo de Dios, etc.

Quizás sea útil entender que Pablo necesitaba hacer que una secta periférica del judaísmo se desarrollara de tal manera que se convirtiera en una nueva religión universal. Esa nueva religión no podía sino basarse en las instituciones hebreas, aceptadas por muchos desde hacía siglos. Su programa de proselitismo comenzó con los judíos y siguió con los gentiles. La aceptación de los gentiles creó una cierta reacción dentro de la secta pero Pablo terminó construyendo un puente que uniría históricamente las dos religiones. El cristianismo eligió ser una evolución del judaísmo, con mayor universalidad, mayor espiritualidad (en cuanto al nuevo concepto del más allá), y con un dogma basado en las enseñanzas de Jesús de Nazareth, pero sin olvidar sus orígenes. La Biblia cristiana incluye una gran parte de la *Tanaj*, que los cristianos conocen como Antiguo Testamento.

En resumen, entre las ideas originales que aquí aparecen, el libro sugiere que: 1) en el mito hebreo, Adán y Eva eran una pareja de homíninos, como cualquiera de los antepasados humanos que hemos descubierto últimamente; 2) los hebreos tenían una idea mucho más sofisticada y realista de la evolución de lo que se cree en la actualidad y ello explica muchos puntos de la Biblia que parecían inexplicables hasta ahora; 3) la innovación del concepto griego del espíritu (*psyche*) introducido por San Pablo al interpretar el Libro del Génesis resultó en una autopercepción del individuo que cambió para siempre el rumbo de la historia, ya que al reinterpretar o tergiversar la *Tanaj*, San Pablo espiritualizó y separó al ser humano del resto del reino animal.

Ese nuevo concepto que el creyente adquirió sobre sí mismo—que lo convirtió en un ser casi divino—contribuyó a la creación de un Occidente cristiano con un potencial de crecimiento muy superior al resto del mundo.

Que de la mezcla de ideas helenísticas y cultura judía difundidas por el cristianismo hayan surgido el individualismo moderno, el capitalismo, las instituciones democráticas e internacionales, la globalización, la economía de mercado, los derechos civiles y el laicismo—en suma, el Occidente—puede parecer algo inverosímil o poco probable. Como digo antes, es todo una cuestión de interpretación.

LA TORAH

¿NI DIOS NI MOISÉS?

En la actualidad, la lectura y la escritura son habilidades lingüísticas que se adquieren después del entendimiento y el habla. Son algo tan natural para los niños como caminar, usar una computadora, ver televisión, o hablar por un teléfono celular,

A ojos de los pueblos en estadios de desarrollo pre-alfabetización, tal como eran los hebreos hasta el siglo VIII AC, la lectura y la escritura tenían facultades numinosas. Eran, sin duda, un regalo de Dios, con poderes de bendición y maldición. Solo los reyes y los sacerdotes tenían acceso a ellas. Presenciarlas ocasionaba un cierto sobrecogimiento religioso.

Imaginemos un campesino asirio... Las langostas se habían hecho un festín en su pequeña huerta cerca de la ciudad de Ashur, en Asiria, y el joven Banistar había perdido casi toda la cosecha. Lo único que se le ocurrió entonces fue pedirle semillas a su vecino, que era ya mayor y más experimentado. Al vecino no le habían quedado semillas pero sugirió ir a ver al sacerdote. El sacerdote tenía varios potes con semillas y pudo prestarle un pote a Banistar para que plantara otra vez antes del año siguiente. Tendría que devolver las semillas y hacer una donación al templo. Pero lo fantástico fue que, al hacerlo, el sacerdote tomó un canutito de caña y una pequeña torta de arcilla fresca. Con el canutito hizo varias marcas sobre la arcilla. Eso que había presenciado por primera vez, algo total y literalmente ininteligible para él, era el milagro de la escritura. El sacerdote había creado un documento en el que el préstamo y la responsabilidad de Banistar quedarían grabados y que el sacerdote podría consultar más adelante. Las tropas asirias la llevarían con ellas a todas partes de su imperio, incluso a Palestina.

La escritura—hebrea, asiria, o de donde fuere—iba a ser de una gran importancia para los temas a tratar.

La *Tanaj*, la Biblia Judía, fue editada o recopilada, si se quiere, en circunstancias muy extrañas. Su primer libro es la *Torah*. *Torah* significa *La Enseñanza* o *La Ley*, y también se la llama *El Pentateuco* o *Los Cinco Libros de Moisés*. Algunos dicen que fue escrita por Moisés. Otros dicen que la escribió Dios mismo. Aun para gente con creencias religiosas inflexibles, esas creencias parecen ser un tanto exageradas. En el caso de Moisés, si alguna vez existió, mucho de lo que la *Tanaj* relata pasó después de su muerte. Esa suposición, entonces, carece totalmente de lógica. En el caso de Dios, quien se atreva a decir que Él la escribió tendría que probar primero que Dios existe, y después determinar cuándo la escribió.

Lo que es innegable es que la *Tanaj* existe. Es, en realidad, muy similar, casi equivalente al Antiguo Testamento de la Biblia cristiana.

Al momento de escribirse la *Tanaj*, la gran mayoría de los hebreos eran analfabetos. En Judá no se conoció la escritura por lo menos hasta el siglo VIII AC. Antes de ese momento no existen casos registrados de escritura en hebreo en ninguna parte. Lo que prueba que aun si Dios hubiera escrito los Diez Mandamientos con el dedo, ningún judío de la época podría haberlos leído (quizás Moisés, y solo si Dios los hubiera escrito en egipcio, ya que el hebreo no era una lengua escrita en ese entonces).

La *Torah* es en toda probabilidad una colección de mitos y tradiciones orales de los hebreos, y muchas partes de ella fueron presumiblemente recabadas o recopiladas como resultado indirecto del avance del imperio asirio sobre el Reino del Norte (Israel) en el siglo VIII AC.

Después de muchos siglos en Canaán, los hebreos habían pasado de un período de poder y unidad—bajo David y luego bajo Salomón, su hijo—a un período en el que estaban divididos en dos reinos más débiles, Israel, al Norte, y Judá, al Sur.

Al morir Salomón, su hijo Rehoboam heredó la corona. Por algún motivo, Rehoboam aumentó los impuestos de manera astronómica, lo que resultó en mucho más trabajo para sus súbditos. El pueblo lo quería tan poco que diez (!) de las doce tribus decidieron separarse y formar un nuevo reino, Israel, bajo un nuevo rey llamado Jeroboam. Después de la secesión hubo mucho resentimiento y enemistad. Judá, un reino mucho más pequeño, decía ser el único legítimo, ya que su rey era descendiente de la Casa de David mientras que Jeroboam no lo era. Durante los diecisiete años del reino de Jeroboam, hubo una cantidad de guerras entre ambos reinos.

La ubicación de Israel, al Sur de lo que es hoy el Líbano, con tierras ricas para la agricultura y puertos de mar, con el río Jordan al Este, y justo en el medio de importantes rutas comerciales, presentaba una tentación demasiado grande para los poderosos asirios, sus vecinos del Norte.

Asiria había estado creciendo por algunos años bajo Shalmaneser III. Israel, mucho más pequeño y débil, había llegado a un acuerdo de vasallaje con Asiria. Años más tarde, en 732 AC, los asirios tomaron territorios que estaban al Oeste de su reino, desde el Eufrates al Mediterráneo. Eso, más que un acuerdo de servidumbre, se había convertido en una ocupación parcial del territorio israelita. El Reino del Norte había quedado, en realidad, como un estado mucho más pequeño. Se obligó a una gran cantidad de israelitas de las tierras ocupadas a mudarse a otras partes del imperio asirio. Como parte de su política de ocupación, los asirios imponían el uso del idioma arameo a los pueblos que habían conquistado. El arameo era una *lingua franca* de fácil habla y escritura, ya que ésta era alfabética. Eso era bueno para la administración de las nuevas tierras. Era mucho más fácil que intentar imponer su propio idioma, el acadio, que tenía una escritura compleja, llamada cuneiforme. Los hebreos empezaron a hablar y escribir en arameo.

La excusa para la invasión asiria había sido que Ahaz, el rey de Judá en ese momento, que también era vasallo, había pedido al rey asirio que invadiera Israel, ya que sentía que Israel y Damasco amenazaban su reino.

Diez años más tarde, en 722 AC, Israel se rebelaría contra la ocupación asiria. El asunto tuvo consecuencias serias para

Israel. Los asirios eran amos crueles. Durante la invasión anterior, se había perdonado a Samaria, la capital, pero esta vez también ocuparon Samaria. Tal como había pasado diez años antes, los israelitas que no pudieron escapar fueron obligados a ir a vivir a otras partes del imperio asirio y se transformaron en lo que ahora se conoce como las Tribus Perdidas de Israel. Muchos de ellos, en realidad, escaparon a Judá.

Los asirios no ocuparon el Reino de Judá, que permaneció independiente por un tiempo.

El propósito del nuevo Rey de Judá, Ezequías, era de recrear la "edad de oro" de David y Salomón, cuando ambos reinos judíos estaban unidos. Lamentablemente, a Ezequías, —con su sueño de una nación judía poderosa—se le ocurrió liderar una fallida coalición contra los asirios. El resultado fue que, en 701 AC, Asiria invadió también Judá. No pudieron tomar la capital, Jerusalén, pero devastaron todo el campo.

Ezequías quedó con más problemas que antes: tenía un reino que estaba muy reducido en tamaño y muy urbanizado, ya que gran parte de ese reino había sido destruido. Jerusalén era ahora una ciudad grande, que había recibido la primera oleada de refugiados de Israel y ahora la segunda oleada de lo que había quedado del Reino del Norte, muchos de ellos de su capital, Samaria. Había que mantener ocupada a la gente y había que alimentarla. Con tantos refugiados, la ley y el orden se transformaron en una cuestión de vital importancia para Judá.

Era una época de cambio para Judá. En el siglo VIII AC el reino tenía una economía básica de la edad del hierro y sus mayores productos eran las aceitunas y las ovejas. Como dijéramos antes, en esos días, la gran mayoría de la población era analfabeta. Solo algunos sacerdotes, escribas, y otros miembros de la élite podían leer y escribir. Estaban empezando a aparecer inscripciones en estelas y monumentos pero, en general, la sociedad de Judá funcionaba en un ambiente primitivo, típico de una época pre-alfabetización.

Ezequías todavía estaba muy entusiasmado con la restauración de la mítica "era de oro". Esos viejos tiempos habían sido la única época en que los hebreos habían estado unidos y habían sido poderosos. Y cuando decimos mítica no es porque no hubiera existido. Es muy probable que hubiera parecido más dorada en ese momento, en que las cosas en Judá habían casi tocado fondo y el único territorio que quedaba era Jerusalén y los pocos campos devastados que la rodeaban.

Ezequías necesitaba una historia de la cual enorgullecerse. También necesitaba reestablecer el orden en Jerusalén y lo que quedaba de su país. Quizás pudiera hacer las dos cosas al mismo tiempo: restaurar el orgullo de la nación y proporcionarle un corpus legal con una sola, audaz, decisión. Una colección escrita de las tradiciones de los hebreos contribuiría en mucho para enorgullecer a su nación en esos momentos tan difíciles. Un código jurídico también ayudaría a imponer el estado de derecho en el país. El libro incluiría los Mandamientos de Dios y el Levítico, que eran los principios jurídicos que todos los hebreos debían respetar.

Hasta entonces todas las tradiciones de la nación judía habían sido transmitidas oralmente. Los hebreos habían tenido una cultura oral que se remontaba a 3.000 años atrás. Con el pasar del tiempo, la mayoría de los mitos y tradiciones habían adquirido un barniz cuasi mágico. Por ejemplo, se decía que Sansón, uno de los jefes que habían liderado la nación (los Jueces) antes que los reyes, era tan fuerte que había demolido un templo, tomando las columnas y quebrándolas con sus manos. Otro ejemplo, Josué, había ganado la batalla de Jericó haciendo que los hebreos gritaran e hicieran sonar sus cuernos de guerra contra los muros que protegían la ciudad. Los muros se habían derrumbado y los hebreos habían tomado la ciudad, y así con muchas de las leyendas. Una cosa que es importante entender es que esas historias eran totalmente verosímiles en esa época.

El ambicioso proyecto de Ezequías era de recopilar todas esas tradiciones orales. Necesitaba que esas tradiciones se unificaran en un grupo de rollos que desde entonces pasarían a ser Las Escrituras.

La tradición oral había sido, hasta entonces, la manera en que la nación había mantenido su continuidad cultural. Cada generación había pasado sus cuentos y proverbios, en canciones alrededor de fogatas de campamentos, y en sus casas cuando dejaron de ser nómadas. Por supuesto, en una población de pastores y campesinos analfabetos, la escritura les daría prestigio a esas tradiciones ya que solo la élite podía escribir. La escritura era oficial, lo que significaba la palabra del Estado. También, como dijéramos, era de origen divino.

En términos de derecho, había habido otros códigos antes —mucho antes— de la época de Ezequías. Mil años antes que él, Hammurabi, Rey de Babilonia, había basado la autoridad de su famoso Código en el hecho de que él adoraba al dios babilónico, Marduk: "Hammurabi es un gobernante que es como un padre para sus súbditos, que reverencia la palabra de Marduk, que ha logrado conquistas para Marduk por el Norte y por el Sur, y que disfruta del corazón de Marduk, su señor, que les ha otorgado beneficios a sus súbditos desde siempre, y que ha establecido orden en la tierra".

Ezequías, que en todo respecto parece haber sido un rey justo, se encontró en la misma situación que sus predecesores al enfrentarse a la tarea de codificar. Era muy respetado, pero eso no parecía ser suficiente para él. No había habido un corpus legal, ni historia ni religión tan detallados como el que este rey tenía en mente. Los escribas que escribieron las historias de la *Torah* tuvieron que llegar a los orígenes de la autoridad de esas historias y de ese libro. Podían haber comenzado con la historia del pueblo judío, pero decidieron empezar con el universo mismo. Por eso hubo que empezar con el Libro del Génesis. La historia de los hebreos tenía que empezar con la creación del mundo y la creación de la humanidad. Y era lógico que a ese Libro siguieran el de Exodo y el Levítico: la manera en que los hebreos habían llegado a Canaán desde Egipto después de un largo período de esclavitud, y los principios éticos y morales que Dios mismo les había dado.

Como dijéramos, Ezequías se había hallado en medio de una crisis que requería, entre otras cosas, algo similar a un código legal. No terminó siendo un código legal real, sino una mezcla de historia, derecho, tradición, una constitución, etc. Su justicia estaría basada en ese libro. Pero el proyecto era aun más ambicioso que todo eso. El libro también tenía que ser un elemento de mayor importancia en el manejo de la nación y una fuente central de autoridad para el Templo.

Hay muchas repeticiones en la *Torah* o *Pentateuco*; hay historias que no tienen mucho sentido para nosotros en estos tiempos, y hay muchas que se superponen unas sobre otras, tal como se puede esperar en una colección de tradiciones que se han ido transmitiendo desde tiempo inmemorial y que se recabaron no solo durante el reinado de Ezequías sino a lo largo de un período que duró varios siglos. Los autores de la *Torah* hicieron un excelente trabajo al reunir todas las historias y leyendas en una sola publicación y presentar los orígenes del pueblo hebreo, y de la especie humana, de manera muy verosímil (por lo menos para los estándares del siglo VIII AC) desde el despertar de la conciencia humana.

De manera que lo que la historia nos cuenta es que la creación de la *Torah* tenía diversos propósitos: religiosos, éticos, morales, jurídicos y políticos. Y cumplió con su cometido, aun de maneras que Ezequías y sus escribas jamás podrían haber imaginado. Pasó el tiempo, y la interpretación de la *Torah* —los primeros cinco libros de lo que los cristianos llaman el Antiguo Testamento— se hizo más literal. Su colección de historias se transformó en la palabra de Dios y sirvió para fundamentar las tres religiones más importantes. También proporcionó la base de la cultura europea y de la civilización occidental en general.

MITO

*E*s vital que entendamos que una parte muy importante de lo que se escribe acá tiene que ver con esa capa finísima de imaginación, o de ficción—como una telaraña, digamos, para darle una descripción física—situada entre la imaginación/ficción y una realidad que podría haber existido; una posible historia que explica la realidad actual. Eso es lo que llamamos mito. En este caso, un mito que, en general, los cristianos y los judíos toman como cuasi-realidad. Acá intento determinar porqué se cree lo que se cree; si la *Torah* y el Antiguo Testamento dan versiones distintas de un mismo episodio; y si esas versiones son distintas, porqué lo son. Este libro, entonces, tiene mucho que ver con esa historia fundamental, el mito de la creación de la humanidad, y sus consecuencias para quien toma como dogma una versión u otra. A través de este ejemplo, la tarea de San Pablo en los comienzos del cristianismo se transforma en algo evidente y trascendental.

De nuevo, es importante entender que acá es donde la historia y la realidad se unen: Adán y Eva en el Paraíso Terrenal, según imaginaron los hebreos que había ocurrido y según la interpretaron los cristianos cuando crearon los orígenes de la tradición judeo-cristiana, ocho siglos más tarde.

¿Son lo mismo el mito hebreo y el mito cristiano? ¿Se ha cambiado? ¿Ha habido una mala interpretación o una tergiversación? Ése es el tema que tratamos.

Un mito es una explicación que inventamos de un evento que sucedió hace tanto tiempo que nuestra memoria colectiva lo ha olvidado o casi olvidado. Cuando desconocemos el origen de una realidad normalmente creamos una historia que la explica. Lo que es interesante con respecto a un mito es que mucha gente lo toma como realidad.

Pero también tiene que ver con la manera en que la gente puede inventar una historia y cómo esa historia le puede dar forma a la realidad, aun miles de años después de haber sucedido. En la medida en que la historia explica la manera en que la realidad se ha desarrollado, esa historia se transforma en algo sumamente importante.

A principios del siglo XX, en *La ética protestante y el espírtu del capitalismo*, Max Weber introdujo la idea de que el acontecimiento en que se había originado el sistema capitalista era la Reforma Protestante. Fue un concepto muy bien pensado, con un fundamento bastante lógico, aunque ya ha sido rechazado y desmentido muchas veces.

Más de cien años más tarde me pregunto si la civilización occidental no se ha basado en un acontecimiento mucho más antiguo, el mito hebreo de Adán y Eva, o el momento en que San Pablo introdujo en el mito el concepto mucho más nuevo del 'alma inmortal individual' (totalmente anacrónico, un poco como hacer que los Picapiedras celebraran Navidad). Es una noción tan traída de los pelos, tan increíble, que mi instinto me dice que tiene que haber sido algo importantísimo en su momento. Y mucho después también. Incluso ahora.

Stephen Greenblatt coloca la idea del mito justo al lado de la incertidumbre de los tiempos en que vivimos. Todo es incierto en el Occidente de hoy en día, de ahí la pertinencia que tiene: *"Quizás el contar la historia de un origen es un síntoma de inquietud —intentamos calmarnos contándonos una historia. O quizás nuestra especie se haya adelantado más de lo que debía, habiendo cambiado el rumbo del desarrollo, en forma muy accidental, de manera que nos ha llevado por un sendero que no podemos entender totalmente y que hace que a nuestra inteligencia se le dé por especular y contar cuentos."* [1] Totalmente de acuerdo. La manera en que las cosas se han desarrollado después que el cristianismo interpretó el Mito del Paraíso Terrenal parece haber sido totalmente inesperada, venturosa, fortuita. El idioma inglés tiene un término parecido a "algo fortuito", pero mucho más expresivo y mucho más aplicable al tema que nos ocupa: "serendipitous" (algo descubierto de manera aleatoria pero con resultados positivos o beneficiosos).

Hay distintos mitos que explican la realidad de manera muy similar. Y hay también historias que crean realidades y algunas que explican los vínculos entre algunas realidades. Acá va un par de ejemplos.

NUEVA ZELANDIA Y ROMA

Quiero incluir esta parte, que tal vez no parezca totalmente congruente con el resto del tema, porque es una demostración de que los mitos son fenómenos significativamente humanos, universales. Las similitudes entre estos dos, que explican el comienzo de dos culturas totalmente diversas, resaltan lo humano del fenómeno.

Nueva Zelandia y Roma tienen orígenes míticos increíblemente parecidos. Uno de ellos es de tradición totalmente oral; el otro es una secuela de un poema oral según lo recitaba un poeta mítico (Homero, que narraba *La Ilíada*). Ambos proveen vínculos entre civilizaciones.

Para la población maorí de Nueva Zelandia, todo comienza con una trágica historia de amor en Hawaiiki, la patria original de los maoríes. Un grupo de personas sale de la isla en barco, capitaneado por un marino explorador, Kupe. Su largo vagabundeo por el Océano Pacífico está lleno de aventuras a miles de millas de distancia, hasta que descubren *Aotearoa*, la 'Tierra de la Larga Nube Blanca'. Ésa es la leyenda del descubrimiento de la Isla Norte de Nueva Zelandia según los maoríes la han transmitido oralmente desde que llegaron a su nueva patria.

El origen mítico de los latinos comienza con las aventuras de Eneas. Al hacer que Eneas —un troyano—fuera el protagonista de la *Eneida*, Virgilio toma la historia de uno de los personajes de los poemas de Homero, lo que proporciona un vínculo palpable entre las tradiciones griega y romana. Eso es algo que todos los romanos querían oír (algo necesario para validarse como cultura, un poco como el cristianismo usó al judaísmo). La historia es más o menos así: después de la guerra, agotado por la trágica historia de amor de Helena en Troya, y por la guerra y la caída de la ciudad, Eneas se escapa en un viaje —plagado de aventuras— por el Mediterráneo, con un grupo de seguidores, hasta que encuentran el lugar adecuado para asentarse. Lo llaman *Alba Longa* o *Albalonga*, la 'Tierra del Largo Amanecer Blanco' (o la Tierra del alba prolongada). Se afincan en *Albalonga*, hasta que dos hermanos llamados Rómulo y Remo son abandonados y amamantados por una loba. Rómulo finalmente funda la ciudad que se transformará en la capital del Lazio (Roma) muy cerca del sitio original de Albalonga. Ésa es la épica que Virgilio escribió como un poema y que los romanos adoptaron como su origen mítico.

Como hemos visto, los mitos y las realidades muchas veces tienen vínculos como los tienen las genealogías—vínculos reales o imaginados—que conectan a individuos o sociedades con sus pasados. La genealogía (y la etnicidad conocida) definitivamente influencian la manera en que una persona piensa de sí misma y puede resultar en que se adopten distintos caracteres o personalidades. Veremos como el mito más importante de nuestra historia ha influenciado la cultura occidental.

EL MITO DE ADÁN Y EVA

"... hay que seguir soñando hasta abolir la falsa frontera entre lo ilusorio y lo tangible, hasta realizarnos y descubrir que el paraíso perdido estaba ahí, a la vuelta de todas las esquinas." – **Julio Cortázar**

Hay una manera de leer el mito del Paraíso Terrenal de forma alegórica y meticulosa que tiene mucho sentido, y que no es exactamente como el cristianismo lo lee. La manera de leerlo que digo le da al lector una buena idea de cómo los hebreos antiguos veían el mundo y la forma en que esa historia se contó por primera vez. Uno tiene que empezar asumiendo que los seres humanos son animales y que no están separados del resto de la creación.

Una cosa es cierta: cuando se escribió la *Tanaj* los hebreos no tenían un concepto ni siquiera remotamente parecido a la inmortalidad del alma. La indicación más clara de que no existía el alma como los cristianos la entienden quizás pueda encontrarse al final del pasaje más bello y más sabio del Eclesiastés (ése que empieza "Hay una temporada para todo... "), ya que proporciona evidencia inequívoca de que los hebreos consideraban que los seres humanos no eran distintos de los otros animales y que no había vida en el más allá: *"Dije además en mi corazón en cuanto a los hijos de los hombres: Ciertamente Dios los ha probado para que vean que son solo animales. Porque la suerte de los hijos de los hombres y la suerte de los animales es la misma: como muere el uno así muere el otro. Todos tienen un mismo hálito de vida; el hombre no tiene ventaja alguna sobre los animales, porque todo es vanidad. Todos van a un mismo lugar. Todos han salido del polvo y todos vuelven al polvo."* [1]

Me imagino que queda bien claro para todos que cuando el Eclesiastés menciona la palabra "hálito" en "todos tienen un mismo hálito de vida", la palabra "hálito" no tiene un significado literal, sino que significa "hálito de vida", en el sentido que le asignaban los antiguos hebreos, como en *"estar vivo"* (nephesh). Y luego el versículo le da más vigor al concepto con las palabras "de manera que el hombre no es superior al animal".

Si hay alguna duda sobre lo que el autor o autores del Eclesiastés quiso o quisieron decir, los dos versos que siguen no pueden ser más claros: *"¿Quién sabe si el espíritu †del hombre, va † hacia arriba; y el espíritu del animal, hacia abajo, hacia la tierra? Por lo que percibo que no hay nada mejor; que un hombre entonces debe gozar con su propio trabajo: porque eso es lo que le toca; porque ¿quién lo traerá a ver lo que ha dejado atrás?* [2] Ése es el Eclesiastés, III, 21-22. Si el lector es cristiano y no lo ha leído, se lo recomiendo, lo invito a que lo lea. Por supuesto muchos habrán leído y entendido esto, pero hay muchísimos cristianos que no tienen idea que la Biblia incluye versículos como ésos. Mayormente porque no la han leído, o porque no entendieron, o porque no saben que los hebreos creían que los castigos y las recompensas se daban acá, en la Tierra, y en ninguna otra parte. En el Libro del Génesis hay más, mucho más.

Veamos otro ejemplo muy evidente de que no había castigo en el infierno: cuando Moisés bajó del Monte Sinaí, bajó con él las dos tabletas con los Diez Mandamientos. En ellas Dios ordenaba, entre otras cosas: "20.3.-No te harás ningún ídolo, ni semejanza alguna de lo que está arriba en el cielo, ni abajo en la tierra, ni en las aguas debajo de la tierra: 20.4.- no los adorarás ni les servirás; porque yo, el Señor tu DIOS, soy Dios celoso, que castigo la iniquidad de los padres sobre los hijos y sobre la tercera y la cuarta generación de los que me aborrecen". Aparte del hecho que menciona otros dioses o ídolos varias veces —cosa que mencionamos más adelante— en este punto en particular enfatiza que el castigo "de la iniquidad de los padres" recaerá sobre los hijos y descendientes del pecador. No hay mención alguna de castigo eterno. No menciona el infierno (porque no lo había). No menciona castigo alguno que no sea sobre la Tierra.

Como dijera antes, el Antiguo Judaísmo, el Judaísmo del Templo, no tenía un concepto de alma individual inmortal. Las religiones antiguas existían, y sus ídolos y dioses existían, para proteger a las naciones y a los individuos que creían en ellas mientras estaban vivos. Básicamente eran creencias que traían buena suerte o protección. Se rezaba y se ofrecían sacrificios para lograr una buena cosecha, para que las ovejas tuvieran más terneritos o para no ser atacados por ejércitos enemigos. No había ni cielo ni infierno. En general, las religiones eran idólatras o politeístas. El judaísmo se diferenciaba del resto en que era monoteísta. Su dios, Yahweh, había elegido a las tribus hebreas como su nación favorita.

Por supuesto, los escribas que recopilaron las leyendas e historias del Libro del Génesis creían en el Dios de los hebreos, así que la explicación referente a la creación del universo y la humanidad tenía que incluir a ese Dios. En la Biblia, Dios tiene muchos nombres: El, Elohim, Adonai, Yahweh. Robert Wright explica ese hecho en detalle en *La evolución de Dios* (*The evolution of God*). El libro detalla la evolución del concepto divino según el pueblo hebreo.

Las explicaciones del Libro del Genesis son bien simples y directas: por ejemplo, ¿por qué creo Dios a Adán de polvo? Según la ciencia, la vida se originó hace miles de millones de años a partir de elementos no muy distintos del polvo que vemos a nuestros pies. Lo fascinante es que la explicación que dieron los antiguos hebreos es exactamente igual a la explicación actual. Ellos no tenían el conocimiento científico que tenemos hoy en día pero su explicación era increíblemente correcta para su tiempo.

Asimov explica la alegoría de esta manera: *"Los escritores bíblicos no sabían nada de vida microscópica, pero hablar de polvo no es una manera incorrecta de describirla, no teniendo el conocimiento. Después de todo, los microorganismos son como motas de polvo."* [3]

Podríamos decir, por ejemplo, que mayormente estamos hechos de carbono, hidrógeno, nitrógeno, calcio, sulfuro, sodio, magnesio, etc. Quizás esa explicación satisfaga a un científico. También podría decirse que estamos hechos de polvo de estrellas. Es una manera poética de decir exactamente lo mismo, ya que todos esos elementos se pueden encontrar en las estrellas, que es de donde proviene nuestro planeta. Carl Sagan lo dijo en algún momento: estamos hechos de estrellas.

Bueno, ni los antiguos hebreos que pasaron la historia de generación en generación, o la cantaron en campamentos y alrededor de fogatas, ni los escribas que recopilaron el Libro del Génesis, tenían acceso a la información científica que Sagan o Asimov tenían, pero sabían que estamos hechos de polvo. Ése fue el primer mito que tenía que ver con seres humanos: de qué está hecho nuestro cuerpo. De polvo. ¿Hay una manera mejor de explicar la composición del cuerpo humano a pastores analfabetos?

La alegoría no es que Dios era alfarero, ni que era mago. De acuerdo a la alegoría, Dios hizo a los seres humanos de polvo porque de eso estamos hechos. La *Torah* podría haber dicho que Dios creo a Adán *ex nihilo*, de la nada, porque también podría haberlo hecho. Pero el mito dice que lo hizo de polvo. Y el motivo está muy claro. Los autores sabían que el cuerpo humano está compuesto de partículas y que, después de la muerte, se descompone y vuelve a ser pequeñas partículas. Pero volvamos al Paraíso Terrenal.

Aquí quiero aclarar que hay muchas teorías muy detalladas sobre quién escribió el Libro del Génesis, y la Biblia en general, y muchos estudios en profundidad que analizan el tipo de escritura, los acontecimientos que se describen, el idioma, los nombres de la gente, la toponimia (por ejemplo, al Monte Sinaí a veces se lo llama Monte Horeb), las palabras griegas traducidas (si se tomaron del griego, del arameo o de otros idiomas), etc. En base a ello, se ha determinado que hay cuatro o cinco o más individuos —incluso P (Priestly) y J (Yahwist), E (Elohist), D (Deuteronomist) y aun Ezra, el profeta— que fueron los coautores reales, recopiladores, o editores del

Antiguo Testamento, y probablemente otros tantos que escribieron el Nuevo Testamento. Determinar quién escribió qué es la labor de historiadores y teólogos bíblicos. La especulación sobre si este pasaje o aquel pasaje fue escrito en el período persa o en el período helenístico, o si "P" o "J" o "D" fueron los autores de este pasaje o de otro está fuera de lo que se intenta acá. La intención de este libro es explorar nuevas ideas sobre la Biblia y conectarlas con el cristianismo y el Occidente, para responder a algunas preguntas y quizás dejar la puerta abierta para que se hagan otras preguntas.

Pero volvamos a la interpretación de la alegoría. Apliquemos la lógica para entender la alegoría y simplificar la situación. Si intentamos leer el Libro del Génesis desde la perspectiva de los hebreos en el momento en que fue escrito, sabiendo que se sabían parte del Reino Animal, quizás encontremos que ésta es la historia de dos individuos de la especie *Homo Sapiens*. Sí, los primeros seres humanos. Los hebreos no sabían nada sobre la taxonomía de los géneros, de las especies, ni de la especie *Homo Erectus* —comparativamente, el concepto es muy reciente— pero no se habían olvidado de que eran animales. También adivinaban que en algún momento, los seres humanos habían adquirido un alto grado de conciencia (lo que los cristianos llamaron alma y los griegos *psyche*).

Cuando se crea una especie, la especie antigua se divide en dos. Sabemos que en ese momento, individuos del genus *Homo* se transformaron en lo que ahora conocemos como *Homo Sapiens*.

Entonces —y esto es importantísimo y lógico— en el mito hebreo, no se suponía que Adán y Eva eran los únicos individuos del genus *Homo*. Digamos que el Libro del Génesis describe el momento en que Adán y Eva, un macho y una hembra del genus *Homo*, o de la especie *Homo Erectus* se transformaron en la especie *Homo Sapiens*. El momento en que evolucionaron y se hicieron seres humanos. El momento en que apareció una nueva especie. Eso le resultaría muy aceptable a un científico. No lucían blancos, ni rubios y lampiños como los de la versión europea del Paraíso Terrenal que nos enseñaron en la escuela (quizás debamos imaginarlos como cualquiera de los primates que forman parte de nuestra verdadera ascendencia).

Llamémoslos homíninos. No sé si el término es muy científico, pero nos sirve para lo que queremos demostrar.

La parte poética, alegórica, del mito es que comieron del Árbol del Conocimiento del Bien y del Mal. Eso obviamente significa que en ese momento adquirieron uso de razón. Adquirieron un alma, si uno quiere creerlo así. Al hacerlo fueron entonces los primeros y únicos seres humanos, pero no los únicos homíninos del planeta. Hay mucha evidencia de lo que el mito hebreo quiere decir es que no eran los únicos. Lo que la *Torah* describe es lo que pasó en el Paraíso Terrenal cuando dos de estos homíninos se transformaron en seres humanos. Es el increíble momento en que nuestros antepasados tomaron conocimiento de sí mismos, cuando "los ojos de ambos se abrieron": el despertar de la conciencia humana. El antiquísimo mito transcrito en la *Torah* intenta hallar el punto, en la continuidad de la evolución, en el que nuestros ancestros se hicieron seres humanos. Si lo vemos así, la cosa comienza a tener sentido. La *Torah* no menciona la palabra *psyche*, no porque los hebreos hasta ese momento no hubieran considerado el concepto de la mente humana, de la conciencia humana, sino porque consideraban que el estar vivo (*nephesh*) era lo más importante que les daba Yahweh. Pero obviamente, el haber introducido en Génesis el concepto de la diferenciación entre el bien y el mal nos da la idea de que hacían una diferencia cualitativa y progresiva entre la mente animal y la mente humana. Los griegos comenzaron a hablar de *psyche* bastante más adelante. Es evidente que entre los hebreos no había duda de que los seres humanos eran parte del reino animal. Eran animales especiales que podían pensar, comunicarse y hasta escribir, pero lo más importante era que estaban vivos: el concepto de *nephesh*. Los hebreos entendieron que la humanidad había tenido que empezar en algún momento, y que el cambio había traído consecuencias.

Ésta es la parte de la alegoría que la mayor parte de las personas interesadas en el tema (tanto creacionistas como evolucionistas) parecen malentender. La gran mayoría quizás entienda que el Árbol del Conocimiento del Bien y del Mal es la conciencia, pero su interpretación es que Adán y Eva eran humanos desde el momento en que fueron creados y que no existía nadie más como ellos en la faz de la Tierra. Si creemos literalmente lo que San Pablo y San Agustín querían que creyéramos—que eran los únicos homíninos de la Tierra— el Libro del Génesis pierde todo sentido. La única interpretación lógica del Libro del Génesis es que Adán y Eva eran dos homíninos entre los muchos que vagabundeaban por Asia y el Medio Oriente, en clanes, grupos familiares, o como parejas. La única diferencia es que en ese momento esos dos primates se tenían que transformar en seres humanos para que la especie comenzara a existir. El Libro del Génesis dice que nuestra especie comenzó cuando nuestros antepasados tuvieron uso de razón y tomaron conciencia de su propia existencia. Es muy evidente que los antiguos hebreos habían transmitido, desde tiempo inmemorial, el mito que describía el proceso evolucionario tal como ahora sabemos ocurrió.

Yo diría que los escribas que recopilaron el Libro del Génesis transcribieron una serie de historias semíticas tradicionales que percibían la evolución de la especie humana de una manera mucho más darwiniana de la que asumimos hoy en día, especialmente después de siglos sufriendo antropocéntricos delirios de grandeza. No que el resultado de eso haya sido malo. Haber malentendido este libro de significancia histórica inigualable fue erróneo, pero ese error nos llevó, a los cristianos y a los occidentales, a tener una visión extremadamente positiva de nosotros mismos y de nuestra individualidad. Las consecuencias se evidencian en el progreso del Occidente.

Lo que los antiguos hebreos parecen haber comprendido desde el principio y la ciencia recién ahora comienza a comprender es que Adán, nuestro primer antepasado realmente humano, (el equivalente al Adán mitológico de la Biblia), era un primate que no lucía para nada como un ser humano actual.

Paso a citar un artículo en línea de Pickrell Lab sobre el cromosoma "Y" que vincula todos los machos humanos a un ancestro común y que es mucho más antiguo de lo que se había creído anteriormente:*"Desde el punto de vista de la genética de las poblaciones, no existe la menor razón para creer que el antepasado común de todos los cromosomas "Y" humanos haya existido en un individuo que nosotros identificaríamos como 'humano'."*

¿Por qué es importante llegar a esta conclusión? Porque de manera lógica e inequívoca nos señala que el libro de mayor importancia que jamás se haya publicado —ya crea uno en Dios o no lo haga— ha sido torpemente malinterpretado (especialmente por la cristiandad) durante muchas, muchas generaciones. En el cristianismo esa interpretación promovió el individualismo. El mito hebreo proporciona una explicación lírica, mágica de nuestra propia transición de primate a ser humano.

Descartes, con sofisticación del siglo XVII, tuvo la idea de que la conciencia de la existencia propia era *sine qua non* para la humanidad: "*Cogito ergo sum*", dijo. "Pienso, luego existo". Nosotros tenemos conciencia de que existimos. Somos humanos. Por eso es que salimos del Paraíso Terrenal. Pero los autores de la *Torah* jamás imaginaron pecado alguno. El pecado vino con la interpretación y adaptación sugerida por San Pablo… y por la obsesión de San Agustín con el sexo, como veremos.

La *Torah* dice que Yahweh creó a los seres humanos después que a todos los otros animales. Sabemos que es así. Los seres humanos aparecieron después de otros animales. En términos de evolución somos bastante recientes. Según la tradición de los antiguos hebreos, Adán y Eva, en cierta manera se habían acercado a Dios. Ése es el significado de "a su imagen y semejanza". No porque los seres humanos nos parezcamos a Dios ni porque Dios luzca como un hombre.

El mito continúa diciendo que el uso de conciencia, más que una bendición fue algo así como una maldición, que algunas de sus consecuencias fueron malas. A causa de esa pérdida de inocencia siempre seríamos diferentes de los otros animales. Siempre deberíamos trabajar e intentar mejorar nuestra existencia. Y sufriríamos de maneras que son exclusivas de la especie.

"*Ganarás el pan con el sudor de la frente, hasta que regreses a la tierra: porque de ahí saliste, porque eres polvo, y al polvo regresarás*". [4] A la larga los hombres aprenderían a usar el fuego para cocinar el pan y los otros alimentos. También aprenderían a plantar trigo, cultivarlo, molerlo y cocinarlo. Aprenderían a hacer vestimentas (como solo los humanos hacen), construir viviendas, y a proteger a sus familias. Y luego morirían y regresarían al polvo.

Los humanos se ven enfrentados a un futuro de trabajo y finitud. Y no hay manera de volver a lo anterior. En Génesis, los ángeles con sus espadas mantienen a esos dos primates fuera del mundo de los otros animales, pero no como un castigo, sino como la inevitabilidad de algo que no se puede volver atrás. Lo que se había perdido era ese Paraíso, inmanente a la primitiva inocencia del animal.

Después de hablar con Adán, Yahweh habla con Eva: *"Y le dijo a la mujer: Multiplicaré muchas veces tus penas y tu concepción. Con pena darás luz a tus hijos..."* [5] El parto en los seres humanos es mucho más traumático y doloroso que para todos los otros animales. Los humanos tienen cerebros más grandes que requieren un cráneo más grande. El caminar erguidos ha hecho que la pelvis y el canal uterino se desarrollen de tal manera que el bebé se tiene que dar vuelta al salir. El nacimiento en otros animales es menos traumático. Y las hembras de otras especies no lloran como las humanas. Quizás eso sea para no llamar la atención de depredadores en un momento en que son muy vulnerables.

El Libro del Génesis parece decir que el idioma y la humanidad fueron casi simultáneos. En realidad, cuanto más consideramos la idea, más sentido le encontramos. Aun si intentamos no filosofar sobre ese tema, podemos decir con toda seguridad que el idioma, como fundamental que es para los procesos de creación de pensamientos, es absolutamente esencial para la existencia de la humanidad, para cualquiera que pertenezca a la especie *Homo Sapiens*. Eva le habló a Adán.

Adán siguió el consejo de Eva y comió. Comieron y obtuvieron ese conocimiento. No estaban comiendo literalmente como algunos creacionistas creen. Por supuesto no había un árbol del conocimiento del bien y del mal. Estaban comunicando una idea, y al hacerlo tuvieron uso de conciencia. Se hicieron humanos.

CONCIENCIA DE LA MUERTE

Quizás sea más sencillo y más elegante interpretar—quizás como los hebreos—que Yahweh *les advirtió* a Adán y Eva que no comieran del Árbol del Conocimiento del Bien y del Mal, ya que, de hacerlo, habría consecuencias ("o de seguro moriréis"). ¿Por qué les habría *ordenado* que no comieran? Los cristianos no tienen una explicación para esa actitud. Yo creo que el traductor del hebreo o arameo al griego quizás no supo captar la sutileza del término original. Quizás en hebreo la palabra haya sido más cercana a "advertir", que tiene connotaciones muy distintas a las de "ordenar". Dios les estaba advirtiendo a estos primates que no coman, de la misma manera que un padre o madre le dice a un infante que no toque el fuego ya que, de tocarlo, habrá consecuencias: la más importante de las cuales es el dolor. En este caso, el uso de razón y el conocimiento acarreaban consecuencias. Algunas eran malas y algunas, buenas.

Así que Yahweh no los *amenazó* con la muerte. Les advirtió. Sí, la muerte se hizo real porque tomaron conciencia de ella. Los primates y otros animales pueden tener un cierto grado de conciencia de su propia existencia, pero solo los seres humanos comprenden que a la larga su destino es la muerte. Y 'a la larga' es el concepto más importante aquí, ya que los seres humanos están concientes de su mortalidad no porque puedan estar en una situación de riesgo, sino porque saben que finalmente su destino es la muerte. Así que, según la *Torah*, Dios mantuvo su promesa. La evaluación que hace Hobbes de la situación es similar a la manera en que nosotros la vemos. Él dice en el *Leviathan*: *"No que apareciera realmente la muerte ; porque si no Adán no podría haber tenido hijos; sin embargo tuvo una larga vida, y al morir dejó una numerosa posteridad. Pero cuando dice, (Gen.ii.17) El día que comas de esa fruta, con seguridad morirás, debe querer significar su mortalidad, y certidumbre de su muerte."* [1] Por supuesto, significa 'certidumbre de su muerte'. Como primate, él desconocía que iba a morir. Como *Homo Sapiens* pensante, como hombre, él tuvo la certeza de que finalmente moriría.

EL MISTERIO DE LA MUJER DE CAÍN

Adán y Eva tuvieron dos hijos. Uno de ellos era Caín y el otro, Abel. Caín mató a su hermano Abel y, después de hacerlo, Dios lo envió a vagabundear por el mundo como castigo. Caín tuvo miedo y le pidió a Dios que no lo echara "… quien sea que me encuentre me matará". ¿Quién lo habría podido matar si no había otros seres humanos en la tierra además de sus padres? El cristianismo no tiene una explicación para eso.

Asimov intenta desesperadamente encontrar una explicación: *"¿Quién es 'quien sea'? … la población total de la Tierra al momento del asesinato de Abel era de tres: Adán, Eva, y Caín. ¿Es posible que Adán y Eva hubieran tenido muchos hijos, que no tuvieron nombre ni se mencionaron pero que en ese momento poblaban el planeta? … Es posible que los mitos de la creación del documento P y el documento J hicieran referencia a dos grupos diferentes de las obras de Dios? Tal vez Dios creó seres humanos, varón y mujer, muchos de ellos en el sexto día de la Creación, y ellos poblaron la Tierra. Después, quizás, Él creó a Adán y Eva, juntos en el Jardín del*

Paraíso, como los padres de una familia determinada. Por lo tanto Caín tenía miedo de morir entonces a manos de alguno de los numerosos 'pre-Adanitas'." Asimov estaba cerca.

Finalmente Caín reaparece en la escena, esta vez con una esposa. Bueno, ¿y entonces? El cristianismo no tiene explicación para la existencia de esa esposa.

Greenblatt describe las dudas que un joven llamado La Peyrère (otro obsesionado con la Biblia y las preguntas sin respuesta) podría haber tenido en ese sentido y su manera de resolver el problema: *"¿Y que estaba haciendo la mujer con la que Caín se casó en la tierra de Nod? Y cómo podía haber construido una ciudad ahí el fugitivo, sin otras personas para poblarla? Tal vez todos estos indicios sugieran, se preguntaba el joven, que ya había humanos en el mundo antes de la creación de Adán y Eva, humanos que vivían fuera de los muros del Jardín del Edén y con quienes Adán y Eva y sus hijos se relacionaron?"* [1]

Asimov hace la misma pregunta y obtiene la misma respuesta: *"Otra posibilidad es la que se menciona con referencia al miedo de Caín de que lo mataran como a un forajido, de que había muchos pre-Adanitas y que Caín se había casado con una de ellas."* [2]. Como decíamos, estuvieron muy cerca. Pero siempre pensaron en términos de otros seres humanos, no de homínidos. Lógicamente, La Peyrère pensó en términos rabínicos/ cristianos, no en darwinianos, ya que en esa época eso habría sido totalmente contrario a la intuición. Asimov pensó en los pre-Adanitas y no que Adán fuera uno entre muchos. Quizás pensó en primates, pero no explicó la diferencia entre primates y pre-adanitas. La impresión que da es que siempre son seres humanos.

Mi análisis, y la manera en que creo lo imaginaron los antiguos hebreos cuando escribieron el mito fue que la mujer debía haber sido una hembra primate de otro grupo. Si no, ¿cómo explicar su existencia? Antes de eso, sus palabras *"quien sea que me encuentre..."* no podían referirse a ningún animal si no a otros homíninos. La única interpretación lógica es que el Libro del Génesis muestra el comienzo de la conciencia entre los homíninos.

DE CÓMO LA HUMANIDAD SE ESPARCIÓ ENTRE LOS HOMÍNINOS

Otra parte del Libro del Génesis que ha sido objeto de varias interpretaciones descabelladas está en (VI: 1-4): *"Y sucedió que, cuando los hombres comenzaron a multiplicarse sobre la faz de la Tierra, y tuvieron hijas, los hijos de Dios vieron a las hijas de los hombres y vieron que eran bellas y tomaron como esposas a las que eligieron. Y el Señor dijo: mi espíritu no siempre perdurará en el hombre, porque él también está hecho de carne: sin embargo sus días alcanzarán los ciento veinte años. Había Gigantes en la Tierra en esos días; y además después de eso, cuando los hijos de Dios se unieron a las hijas de los hombres, y con ellas tuvieron hijos, esos hijos fueron hombres poderosos que en la antigüedad fueron guerreros de renombre."* [1]

Obviamente, la palabra *"gigantes"* es una traducción desafortunada. Lo que el texto quería significar seguramente era *"grandes hombres"*, u *"hombres poderosos"*, tal como los describe hacia el final. Los descendientes de Adán y Eva habrían sido más inteligentes y habrían tenido más habilidades que los homíninos sin idioma ni cultura, y con un grado inferior de conciencia, y probablemente se hayan transformado en líderes de otros homíninos. Por cierto, esos hijos de Dios habrán sido individuos ya humanos, si no, ¿por qué incluir esa cita de Dios entre dos referencias a hombres parecidos a dioses (hijos de Dios) (*"Y el Señor dijo: mi espíritu no siempre perdurará en el hombre, porque él también está hecho de carne: sin embargo sus días alcanzarán los ciento veinte años"*)? [Mi bastardilla, mi subrayado]. Lo que Dios dice concuerda con el resto de la alegoría del Paraíso Terrenal. Los seres humanos son animales como el resto de los primates. Dios dice que los hombres tienen alma pero que su alma durará con ellos solo el tiempo que vivan, ¿es decir, ciento veinte años? ¡Ah... las palabras *psyche* o conciencia hubieran sido tan útiles en ese momento!

La manera en que el idioma se esparció entre los seres humanos se reprodujo en un experimento con chimpancés. En 1967, Allen y Beatrix Gardner, dos antropólogos norteamericanos, le enseñaron Washoe, una chimpancé hembra, a hablar Ameslan, el idioma norteamericano para sordomudos. Fue el primer ser no humano que se pudo comunicar usando un idioma. Ella le enseñó el idioma a su hijo adoptivo y, más adelante, cuando le presentaron a otros chimpancés, todos ellos también aprendieron Ameslan. Washoe demostró que tenía un cierto grado de conocimiento de sí misma y de emoción.

Para lo que dice la Biblia sobre los *"hijos de Dios"*, Asimov no puede encontrar ninguna explicación: ni siquiera trata de usar a sus *"pre-Adanitas"*: *"Si los hijos de Dios eran divinos e impusieron su voluntad sobre las pobres hembras humanas, ¿por qué la Tierra tenía que sufrir por eso?"*. [2]

Wright cree que este trozo es una excepción en la Biblia hebrea, normalmente monoteísta: *"Aunque en gran parte de las*

Escrituras se asume la existencia de un Dios único, algunas otras partes toman un tono diferente. En el Libro del Génesis se recuerda una época en un grupo de divinidades masculinas bajaron y tuvieron relaciones sexuales con atractivas hembras humanas; esos dioses 'se unieron a las hijas de los hombres, y con ellas tuvieron hijos, ellos fueron hombres poderosos que en la antigüedad fueron hombres de renombre.' (y esos hijos fueron extraordinarios: 'ellos fueron hombres poderosos que en la antigüedad fueron guerreros de renombre')"[3]

Mi lectura es que acá se dicen dos cosas muy importantes que creo totalmente lógicas: la primera es que machos de la especie *Sapiens* se aparearon con hembras de otras especies de *Homo* menos avanzadas que todavía les resultaban atractivas, aun después de la separación (después de la aparición de la nueva especie hay un período en que los individuos de una de ellas todavía se sienten atraídos hacia la otra; ahora también sabemos que hubo mestizaje entre especies, por lo menos con *Neanderthales* y casi seguro con *Denisovanos*). La segunda cosa importante es que en este párrafo se confirma que los hebreos sabían que los seres humanos eran animales, y que el alma que tenían moría cuando sus cuerpos morían, tal como sucede con el resto de los animales: *"Mi espíritu no siempre perdurará en el hombre, porque él <u>también</u> está hecho de carne"*. Es decir, los seres humanos tienen uso de conciencia, pero todavía son animales.

La propagación puede haber sucedido en varios lugares al mismo tiempo. La ciencia y Génesis concuerdan en un origen monogenético en cuanto a los primeros seres humanos, es decir, Adán y Eva; luego Génesis habla bien claro de propagación: Caín va a buscar a su esposa. En términos del Mito de la Creación, y por ser una explicación provista por gente del siglo VIII AC y para personas de esa época, la *Torah* ilustra la propagación de nuestra especie de una manera extraordinariamente clara. El uso de la conciencia y el idioma parecen haberse esparcido durante un período quizás breve: Caín y su esposa tuvieron hijos varones que necesitaron hembras para procrear. El fenómeno probablemente se repitió con hembras *Sapiens* menos avanzadas, pero también con *Neanderthales* y, quizás *Denisovanas*; a eso hace referencia Génesis.

Lo que la ciencia conoce ahora con certeza es que hembras *Neanderthales* y machos *Sapiens* se encontraron y comenzaron a aparearse hace aproximadamente 370.000 años.

Los cromosomas "Y" de los *Neanderthales* y los de los *Sapiens* son más similares entre sí que con respecto a los de los *Denisovanos*. Es posible que los *Denisovanos* hayan estado tan al Este que no se hayan encontrado con *Sapiens*.

Lo que está probado es que *Neanderthales* y *Sapiens* tienen una historia compartida. En términos evolutivos, el resultado fue que el cromosoma "Y" de los *Neanderthales* fue desapareciendo con el tiempo y que el de los *Sapiens* terminó reemplazándolo en su totalidad.

Con respecto a lo que dice Génesis, Asimov no puede encontrar la respuesta correcta al problema: *"Si la interpretación de la primera parte del versículo es que Dios se está recordando a sí mismo que el hombre es mortal, el resto del versículo representa un castigo a la corrupción humana. Se enfatiza la mortalidad del hombre."* [4] Asimov lo lee como San Pablo lo hubiera leído.

Ésta es una de las instancias en que la *Torah* usa la frase *"hijos de Dios"* refiriéndose a individuos de la especie *Sapiens*. Mucho más tarde se citaría a Jesús de Nazareth usando esa frase para referirse a sí mismo. Aslan duda de la autenticidad de la cita: *"Tampoco, incidentalmente, Jesús se llamó a sí mismo 'Hijo de Dios,' un título que otros parecen haberle asignado."* [5] El título también se solía usar al referirse a los reyes judíos.

Génesis usa un lenguaje que únicamente interpretado de la manera correcta tiene algún sentido: "... *cuando los hombres comenzaron a multiplicarse sobre la faz de la Tierra, y tuvieron hijas, los hijos de Dios vieron a las hijas de los hombres y vieron que eran bellas y tomaron como esposas a las que eligieron...*". En el contexto del desarrollo de la humanidad según se explica en la Tanaj, "hijos de Dios" no puede interpretarse como "deidades". La única posibilidad es que había homíninos más avanzados que otros. Después del Mito del Paraíso y de Adán y Eva, había seres humanos que tenían uso de razón.

Por otra parte, la afirmación de que Jesús habría usado la frase "hijo de Dios" para referirse a sí mismo quizás haya sido malinterpretada o utilizada engañosamente en Nicea para convencer a algunos obispos arrianos de que Jesús era Dios. El método funcionó.

INTERPRETACIÓN CRISTIANA DEL LIBRO DEL GÉNESIS

Comencemos por imaginar que estamos de acuerdo con una interpretación literal o semi literal del Libro del Génesis (lo que muchos cristianos creen) e intentemos hacerlo sonar lo más lógico que sea posible: Dios creó a Adán del polvo. Después creó a Eva de la costilla de Adán. Fueron los primeros seres humanos, totalmente desarrollados como los humanos actuales. Los puso en el Jardín del Edén. Les ordenó que no comieran de un árbol. Nadie se imagina por qué podría haber hecho eso. Les dijo que si comían la fruta de ese árbol se morirían. El Diablo, disfrazado de serpiente, tentó a Eva y la convenció para que comiese la fruta del árbol. Eva desobedeció a Dios y comió, y además convenció a Adán para que hiciera lo mismo. Ambos comieron la fruta (¿una manzana?). Descubrieron que estaban desnudos y probablemente tuvieron relaciones sexuales, aunque eso no está del todo claro según el texto. Dios, en un ataque de ira (?), los echó del Paraíso Terrenal. Le dijo a Adán que tendría que trabajar, que se moriría y que se transformaría en polvo. Le dijo a Eva que odiaría a las serpientes y que tendría hijos con dolor... Pero entonces, después de haber comido la manzana… no se murieron, aun cuando Dios había dicho que se morirían. Estaba equivocado. ¿Dios estaba equivocado? Después tuvieron dos hijos, Caín y Abel. Caín mató a Abel. Dios se enojó muchísimo (¿otra vez?) con él y lo echó. Caín se fue pero tenía miedo de que alguien (no algo, no un animal) lo matara. ¿Quién podría ser si no había nadie más sobre la faz de la Tierra? Literalmente. Volvió con una esposa. ¿Quién podría ser si no había nadie más sobre la faz de la Tierra?... y así sigue y sigue. La interpretación cristiana de que Adán y Eva eran los únicos humanos del planeta no parece tener mucho sentido. Nada de eso tiene mucho sentido. Y el cristianismo no da ninguna explicación al respecto.

¿La serpiente era el Diablo? No había Diablo en la *Torah*. En el judaísmo el Diablo es solo un obstáculo en el sendero del bien. No es un ángel caído ni un demonio. La serpiente es solo una alegoría de un obstáculo. Entonces el Diablo, un concepto cristiano posterior, una adaptación cristiana del Mito, solamente cobra sentido cuando el cristianismo agrega la idea de "pecado".

La manera en que el cristianismo explica lo que San Pablo interpretó en el Mito tampoco tiene mucho sentido. <u>Según él, Adán y Eva habían sido creados inmortales</u>. Eso fue lo que propuso. No sabemos si lo quiso decir literalmente. A causa de su pecado, Dios les dijo que morirían, y entonces se hicieron mortales. Ese castigo se extendió a todos sus descendientes por siempre jamás. Por eso ahora somos mortales. Pero eso no puede ser un castigo. Saber que vamos a morir es parte de tener uso de conciencia. San Pablo, sin embargo, estaba introduciendo el concepto del alma humana inmortal. Algo que sobrevive. Un nuevo concepto.

El Obispo de Lyon desde 189AC, Ireneo, le dio un nombre al pecado cometido en el Jardín del Edén: lo llamó Pecado Original. Todavía no sabemos de qué se trata el Pecado Original. San Agustín propuso que fuera concupiscencia (deseo carnal). Su teoría fue aceptada durante muchos años. Muchas comunidades religiosas todavía creen que es así. El asunto es, si Adán y Eva tuvieron relaciones sexuales ¿por qué tendría que ser eso un pecado, si Dios les había ordenado que se multiplicaran? Además, si no hubieran tenido relaciones sexuales, nosotros no estaríamos acá para contarlo.

Lo que lo hizo todavía más interesante en cuanto a la explicación del Paraíso Terrenal que dio San Pablo es la posterior inclusión de Jesucristo en el cuadro, en un mito hebreo creado muchos siglos antes de que Cristo existiera. Adán y Eva habían cometido un 'crimen' que toda la humanidad tendría que pagar por los siglos de los siglos teniendo que ser mortales cuando podríamos haber vivido eternamente. Sin embargo, a través del bautismo y la creencia en Jesús, y en su sacrificio y resurrección, los cristianos ganan la inmortalidad nuevamente, esta vez, la inmortalidad del alma. Toda la estructura parece bastante endeble y no muy racional. Obviamente, no lo que los hebreos habían querido decir con su alegoría. Sí… eso significa el alma inmortal. Algo que no se había considerado antes. La manera en que se introduce en el Mito del Edén no tiene mucho sentido. No importa. La trascendencia del alma inmortal individual vale la pena. Si Pablo iba a basar su religión en el judaísmo y tenía que vincular las dos religiones, el alma inmortal tenía que empezar en algún momento, y cuándo mejor que al principio. Como decía, no tiene demasiado sentido, pero ése es un pequeño precio que él estaba dispuesto a pagar, me imagino. El cristianismo necesitaba el alma inmortal. Necesitaba la atracción para la creación de una religión universal. En resumen, introdujo la idea de que Adán y Eva habían sido creados inmortales (!) y que, a causa del Pecado Original, habían perdido la inmortalidad. Y, como dijéramos, no fueron los únicos que fueron castigados: la pérdida de la inmortalidad se aplicó a todos sus descendientes (la totalidad de la especie humana). Solo que con la intercesión de Jesús —dijo— se consigue nuevamente la inmortalidad del alma. Haya sido una interpretación racional o no, la peculiar explicación de San Pablo sobre el Libro del Génesis consiguió el efecto deseado: si uno era cristiano y creía en esa interpretación, tal como se deseaba, la inmortalidad del alma de uno quedaba establecida como un hecho.

Cristianos de todo tipo creyeron en esa noción durante siglos. Y todavía la creen literalmente. La idea también tuvo inesperadas consecuencias de largo plazo: no solo les dio a los humanos un status superior, sino que los separó del resto de los animales. Mi lectura es que el alma inmortal individual los separó del resto de la Naturaleza en general —lo que en cierto modo era necesario para permitir la observación "objetiva"— y, por eso mismo fue, presumiblemente, un elemento esencial en el desarrollo de la ciencia y la tecnología; luego, de la Revolución Industrial, y finalmente del Capitalismo. Quizás suene descabellado. Bueno, el individualismo es un rasgo único del Occidente, y el Occidente es cristiano. Eso no es una coincidencia. Fue algo esencial en el desarrollo de las instituciones occidentales.

Stephen Greenblatt cree que el Edén es de importancia primordial para la manera en que nos hemos desarrollado: *"Ya sea que creamos en la historia de Adán y Eva o la consideremos una ficción absurda, hemos sido hechos en su imagen. Durante muchos siglos, la historia ha formado la manera en que pensamos con respecto al crimen y al castigo, la responsabilidad moral, la muerte, el dolor, el trabajo, el descanso, la compañía, el casamiento, el género, la curiosidad, la sexualidad, y esta humanidad que compartimos. Si la historia se hubiera desarrollado en forma diferente, el Enuma Elish, el Atrahasis, y la épica de Gilgamesh habrían sido el grupo de nuestras historias originales y sin duda nos habrían formado para que fuéramos algo distinto de lo que somos. El no haber sido así tuvo consecuencias."* [1] No podría estar más de acuerdo.

¿Y qué se dice de la desobediencia? Bueno, tal como dijéramos antes, la interpretación cristiana explica que hay una orden que se desobedece, no una advertencia. Por eso hay castigo.

Hablando del *Paraíso perdido* de Milton, Harold Bloom comenta: *"Hace muchos años escribí un comentario sobre la corriente Yahwehista en la Torah y recuerdo haber escrito que el infortunio de Adán y Eva era casi como decir: 'Cuando éramos niños se nos castigó terriblemente por haber sido niños'. A Milton no le habría gustado; Blake y Shelley habrían estado de acuerdo. ¿Por qué tenemos que aceptar la palabra 'falta' por el infortunio de nuestros primeros padres?".* [2]

¿Por qué Dios le dijo a Adán que a partir de entonces tendría que trabajar (como castigo), si el trabajo es algo positivo? Bueno, en el Paraíso él no tenía que trabajar y ahora tendría que empezar. Eso no significa que el trabajo sea algo malo. En el Mito hebreo muchas cosas habían cambiado, pero no había castigo. Eso no habría tenido sentido. ¿Por qué Eva tendría que tener los hijos con dolor? ¿Era como castigo? De nuevo, antes tenía sentido, pero no después de San Pablo. El parto no puede ser un castigo porque eso es lo que tienen que hacer las mujeres para que la humanidad crezca y se multiplique, que es parte del mensaje original de Dios.

¿Por qué se cubrieron? ¿Por qué tenían vergüenza de estar desnudos? El llevar ropa es algo muy humano, aunque no todos los seres humanos usan ropa. Tiene que ver con la conciencia que uno tiene de uno mismo, supongo, nada más. Ellos habían adquirido conciencia y con ella, pudor.

Bueno, hemos visto respuestas a algunas de las preguntas. Intentemos encontrar algunas más en forma sistemática. Veremos que algunas preguntas se contestan aplicando sentido común y hay otras que se contestan a sí mismas.

Es evidente, y todos lo pueden ver, que Pablo y todos los otros teólogos cristianos que lo siguieron introdujeron nociones totalmente divorciadas de la *Torah*; nociones como la inmortalidad física original de los seres humanos, el alma inmortal individual, el pecado original, el más allá, el cielo, el infierno, el diablo, la eternidad, etc. Ninguna de esas ideas tenía nada que ver con el mundo de los hebreos. La alegoría se malinterpretó (o, digamos que San Pablo le agregó algunos adornos de manera intencional). Lo que es extraordinario es que esa "tergiversación" haya tenido las consecuencias que tuvo. Definitivamente le dio una nueva orientación al entendimiento que los romanos tenían del universo y resultó en la civilización occidental. El individuo humano que San Pablo introdujo era casi divino. Cualquier individuo humano.

La manera en que San Pablo y sus seguidores interpretaron el Libro del Génesis fue, por supuesto, influenciada por sus nuevas ideas al convertirse al cristianismo, o "crear" el cristianismo, quizás sea más exacto. Pero cuando se cambia un concepto de manera tan radical y completa como ellos hicieron, siempre va a haber algunas cosas que no cuadren. No importa. No importa. La doctrina estaba ahí, y las doctrinas están ahí para ser creídas. El Libro del Génesis, según lo entendieron los Padres de la Iglesia, no acepta exégesis. Quienquiera que lo haga comete un pecado mortal. Esa fue una manera muy astuta de esconder las incoherencias del dogma: de eso no se habla.

Christopher Hitchens creía—junto con muchos de sus enemigos creacionistas—que las Escrituras y la teoría de la evolución (Darwin) eran mutuamente excluyentes. Bueno, eso no es tan así. Lo que también es verdad es que creeer en Dios no necesariamente implica creer en un alma inmortal, ni en cualquiera de los otros elementos del dogma que introdujo el cristianismo organizado. Como decíamos, los antiguos hebreos no creían en el alma inmortal. Como tampoco lo hacen los judíos actuales. Contrariamente a la opinión de Christopher Hitchens, la gente no cree en Dios solo porque tiene miedo de morir.

Mientras escribo esto, *The American Catholic* cita al Papa Francisco diciendo *"Y yo creo en Dios, no en un Dios católico, no existe un Dios católico..."*. Eso parece un signo de que la religión dogmática irá cambiando, a la larga, hacia un dios deísta, como el Dios del Siglo de las Luces. Quizás le estoy dando un significado distinto del que tiene.

Greenblatt se pregunta el porqué de la lectura literal del Libro del Génesis, el porqué de la ubicuidad de esa lectura: *"La insistencia en la verdad literal de la historia —Adán y Eva reales en un jardín real— se transformó en una de las piedras fundamentales de la ortodoxia cristiana. Esa insistencia yace en el centro de mi propia fascinación con la historia de Adán y Eva. ¿Cómo es que algo ficticio se convierte en algo tan irresistiblemente real? ¿Cómo comienza a respirar una estatua de piedra, cómo aprende a quedarse de pie y a bailar sin hilos un títere de madera? ¿Y qué pasa cuando criaturas de ficción se comportan como si estuvieran vivas? ¿Es por ese motivo que su destino es comenzar a morir?"* [3]

Bueno, si tenemos que hablar de realidad real, y valga la redundancia, empecemos por acá: los árboles del bien y del mal no existen, y si existieran, no producirían manzanas. Nunca hubo serpientes que hablaran, y si las hubo, no habrían sido el Diablo, porque el Diablo, según lo concibieron los cristianos, no existía en el siglo VIIIAC, que es cuando esa parte del Libro del Génesis pasó a ser Escritura. El cristianismo <u>tenía</u> que inventar para comenzar a existir.

Para este análisis, lo que nos interesa es la diferencia entre el significado original de la *Tanaj* (la Biblia judía) y la versión cristiana decretada por San Pablo y seguida por todas las comunidades cristianas. El judaísmo rabínico parece haber retenido en alto grado la visión de sus ancestros. Mahoma siguió la versión cristiana del Génesis ciegamente, sin haber entendido tampoco la alegoría.

Como lo hemos explicado repetidamente, en el judaísmo rabínico no existen ni el cielo ni infierno; no hay más allá. Eso no tiene que sorprender a nadie. Es lógico, ya que el antiguo judaísmo, la religión del Templo, tampoco tenía cielo ni infierno. Los hebreos no creían en el más allá, ni creían en el alma inmortal individual. Si uno era una buena persona, recibía su recompensa acá. Si era una mala persona, el castigo también estaba acá. La palabra *"nephesh"*, usada 750 veces en los 24 libros de la Biblia hebrea (incluso la *Torah*), que muchos cristianos entienden como 'alma', significa 'hálito de vida', pero no tiene nada que ver con el individuo ni tiene nada que ver con la 'conciencia'. El término puede significar 'vida' tanto en humanos como en animales, y quizás también en las plantas. Las palabras 'neshamah' y 'ruah' también se usaron para significar algo parecido a 'alma', pero no exactamente lo que los cristianos entienden como 'alma'. En todos los casos, el término que se usa para 'alma' en la *Torah* está vinculado al cuerpo y a sus necesidades y deseos materiales. No tiene nada que ver con la inmortalidad ni con la vida eterna.

Isaac Asimov proporciona una explicación similar a la mía: *"Hoy en día, una visión común del alma es que es un tipo de esencia espiritual, totalmente inmaterial, que se inserta en una persona al nacer (o en la concepción) y que sale de la persona cuando se muere; que es un componente inmortal del hombre que ni nace ni muere pero que se aloja en el cuerpo por el breve período que ese cuerpo existe sobre la Tierra. Todo esto deriva del pensamiento griego y, en ese sentido, "alma" es una traducción del término griego psyche y no del hebreo nephesh."* [4] Es algo parecido a lo que yo entiendo, pero no totalmente igual. Yo creo que Aristóteles se había acercado a la noción del alma inmortal pero no estaba totalmente convencido. Mi lectura es que algunos filósofos griegos (Sócrates y Platón en especial) tuvieron la idea y que San Pablo la refinó cuando estableció las bases del cristianismo. Si eso estaba bien o estaba mal, es harina de otro costal.

¿Por qué el Génesis es importante? Bueno, el Libro del Génesis es la versión del origen de la humanidad que se ha leído más que ninguna otra, especialmente en el Occidente. Pero tiene una ventaja extra sobre todos los otros mitos de la creación: el Libro del Génesis —tal como la Piedra de Rosetta que proporcionó tres versiones lingüísticas distintas de un texto y permitió que Champollion descifrara los jeroglíficos y develara la cosmología egipcia— fue escrito por los antiguos hebreos y ha tenido distintas interpretaciones en distintas épocas: fue interpretado por los cristianos, los judíos rabínicos y los musulmanes. Tres cosmovisiones diferentes.

Lo que sucede es que el Libro del Génesis fue tomado de un antiguo mito semítico que se debía interpretar de manera alegórica, pero alegóricamente desde una perspectiva hebrea.

La reinterpretación que le dio el cristianismo, como hemos visto, tuvo algunos vuelcos propios que resultaron literalmente increíbles.

Dios creó a los seres humanos y les ordenó no comer la fruta de un árbol o se morirían, y luego les prohibió comer la fruta de otro árbol (el árbol de la vida) o vivirían para siempre. Christopher Hitchens creía que eso era absurdo y contradictorio. Y Hitchens era un hombre muy inteligente y muy culto. Si se toma literalmente, por cierto, es algo absurdo y contradictorio.

Alguien más que tomó la historia literalmente, pero con todo, es Richard Dawkins:

"El mismo Pecado Original viene directamente del Mito de Adán y Eva en el Antiguo Testamento. Su pecado—comer la fruta de un árbol prohibido—parece lo suficientemente leve como para un simple reto. Pero la naturaleza simbólica de la fruta (el conocimiento del bien y del mal, que en la práctica resultó ser el conocimiento de que estaban desnudos) fue suficiente como para hacer que su pecadillo de robar manzanas del árbol (scrumping) se transformara en la madre y el padre de todos los pecados.* Los echaron a ellos y a sus descendientes, por siempre jamás, y les prohibieron poner pie en el Paraíso Terrenal, les quitaron la vida eterna, y los condenaron a generaciones de labor dolorosa, en el campo y en el parto respectivamente."
5

El asterisco de la cita es una nota al pie que indica, de manera aun más convincente, que la interpretación de Dawkins es increíblemente literal. Reproduzco la nota al pie también:

"* Sé que los lectores norteamericanos no conocerán el término 'scrumping'. Pero disfruto leyendo palabras norteamericanas poco conocidas y leerlas amplía mi vocabulario. He usado deliberada-

mente otros pocos términos específicos de regiones por ese motivo. 'Scrumping' en sí es una mot juste de una justeza poco usual. No solo significa robar: específicamente significa robar manzanas y solo manzanas. Es difícil que una mot sea más juste que ésa. Admito que la historia del Génesis no especifica que la fruta era una manzana, pero la tradición así lo dicta desde hace muchos años." [6]

El Pecado Original, el castigo, la desobediencia y la transgresión que requirieron la expiación de la especie humana por siempre jamás, fueron el resultado de algunos individuos muy imaginativos, empezando por San Pablo e incluyendo a San Agustín y San Jerónimo.

Como sucede con muchas otras interpretaciones cristianas de la *Torah*, ésta trajo consigo consecuencias de largo alcance. Resultó en una extensa misoginia que ha durado varios siglos. Eva fue culpable de todo (aunque no hubiera sido creada cuando Dios hizo la advertencia). Greenblatt explica: *"Este hincapié interminable en el pecado y en los defectos de todas sus hijas le iba muy bien, obviamente, al universo mental de los monjes y los frailes, que habían hecho votos de castidad y renunciado —por lo menos oficialmente— a la compañía del otro sexo. Y le iba muy bien también a los maridos que luchaban por controlar a sus esposas e hijas. Las desdichas ocasionadas por Eva se transformaron en un punto de discusión normal en la batalla de los sexos, una culpa predecible y extremadamente útil porque parecía conllevar la autoridad de la Biblia misma".* [7]

LOS SERES HUMANOS COMO PRIMATES

La gente a menudo reconoce a Lucrecio, el poeta romano del primer siglo AC, como uno de los precursores del evolucionismo. En su épico poema *De rerum natura* (*La naturaleza de las cosas*) él decía, entre muchas otras cosas, que el mundo no había sido creado por un dios. El universo, en su opinión, era el producto de una secuencia de eventos. Y así anticipó, en cierto sentido, la teoría evolucionista moderna. Ejerció una influencia importantísima sobre los pensadores evolucionistas europeos desde el siglo XVII en adelante.

Lucrecio pintó la difícil y triste vida de nuestros antepasados primitivos:

"Por siempre alejados del sol. Siempre con mucho cuidado

Ya que grupos de bestias salvajes

A menudo les interrumpían el sueño de manera horrible

Porque a esos pobres infelices los alejaban de sus hogares,

Se escapaban de sus rocosos refugios al llegar

El babeante jabalí, o el fuerte león,

Y en el terror de la medianoche cedían sus lechos

De hojas esparcidas a esos huéspedes espantosos." [1]

LUCRECIO no se refirió a nuestros antepasados como primates, pero dejó muy claro que no eran mucho mejor que animales. Y rechazó la existencia del alma inmortal. Parecería que por esas épocas la idea de un alma inmortal individual era objeto de debate.

Hemos visto que unos pocos siglos antes, Aristóteles, usando el término *zoon* al refererirse a los seres humanos, parecería haber implicado que los seres humanos eran primates. Sin duda, así se entendería naturalmente en la época de la *Torah* y antes de ella, cuando se originaron todas las historias bíblicas: se creía que los seres humanos eran animales. Descendíamos de animales y por lo tanto lo éramos.

¿Creían eso los hebreos en la época del Rey Ezequías, cuando se recopilaron por lo menos las primeras partes de la Biblia? ¿O las tradiciones e historias ya habían perdido su significado original en ese sentido? Si ponemos la pregunta en una perspectiva cronológica, Aristóteles vivió en el siglo IV AC y Ezequías en el siglo VIII AC. Aunque concedamos que vivían en dos áreas geográficas totalmente distintas, el hecho de que haya una brecha de cuatro siglos entre los dos, y de que Aristóteles todavía se consideraba un primate me da una indicación clara de que la gente en la época de Ezequías sabía de nuestros orígenes animales, es decir, la gente era bastante proto-darwiniana en sus ideas.

Aunque Judá se estuviera urbanizando lentamente, quizás se entendieran las leyendas y tradiciones en su sentido original. Debemos recordar que eso sucedía a principios de la Edad del Hierro y que vivir en cuevas, por ejemplo, no era algo tan extraño.

La mayoría de los seres humanos no vivía en ciudades, aun en los días de Jesucristo. Muchos, como San Juan Bautista y su madre, o antes de él, Lot y sus hijas, vivían en cuevas en el desierto. Y por cierto, durante muchas generaciones, los hebreos vivieron en tiendas como los beduinos de hoy en día.

Hay historias en la Biblia que pueden referirse alegóricamente a distintas etapas de la evolución humana. A Isaac, por ejemplo, lo engaño Jacob, su hijo menor, para que le diera la herencia. Isaac era ciego y Jacob le hizo creer que él era Esaú, el hijo mayor, cubriéndose las manos con piel de cabra. Al parecer, Esaú, que era cazador, era extremadamente hirsuto. Cuando Isaac tocó las manos de Jacob, creyó que Jacob era Esaú. Lo más extraño de esta antigua historia es el hecho de que Esaú haya sido tan hirsuto que sus manos eran como la piel de las cabras. ¿Alegoría o exageración? La historia sucede cuando los hebreos comenzaban a establecerse en Canaan. Tiene varias lecturas, literales y alegóricas. En los días de Abraham e Isaac, las aldeas no eran la norma en Canaan, mucha gente todavía vivía al aire libre, en cuevas, o eran nómadas. La pregunta es: ¿En la época en que se escribió la Biblia, creían que los humanos habían lucido siempre como los humanos actuales? ¿O pensaban quizás que algunos humanos estaban menos desarrollados que otros? Tal vez la historia haga referencia a los Edomitas, los descendientes de Esaú, que vivían en la actual Jordania, donde está ahora Petra. La *Torah* no los considera muy desarrollados. El asunto es: si era razonable pensar que un ser humano podía ser tan hirsuto como una cabra, la diferencia que se hacía entre ser humano y animal todavía no era tan amplia como lo sería más adelante.

Stephanie Moser, una especialista en iconografía, intenta explicarlo:

"Otra figura bíblica que transmitía un sentido del pasado distante era Esaú, el hermano de Jacob. A Esaú se lo describe como muy peludo en todo el cuerpo y frecuentemente se lo describe como salvaje. En la descripción de su apariencia física como alguien muy hirsuto tiene que ver su oficio de cazador, alguien que vivía como salvaje. También tiene que ver con que era el genearca de la nación Edomita, a quienes los hebreos percibían como cazadores."[2] Lo que Moser no explica muy bien es porqué los cazadores tenían que ser hirsutos. ¿Había la impresión de que existían seres humanos que estaban en diferentes estados de evolución? Es posible. Los hebreos, por supuesto, no entendían conceptos como género y especie. Tal vez yo le esté dando a esto un significado que no tiene, pero es posible.

Según explico más arriba, ahora sabemos que en Europa, hace decenas de miles de años, individuos Cro Magnon coexistieron y se mezclaron con Neanderthales. Había otros primates, también cercanos, que coexistieron con los Sapiens y que eran menos avanzados, como los Denisovanos. ¿Es posible que en el Medio Oriente el conocimiento de esas especies haya sobrevivido hasta la época bíblica? De nuevo, es posible.

Moser confirma que más adelante, en épocas clásicas, se describía a los bárbaros como primitivos, es decir, que se vilipendiaba a los extranjeros y enemigos de esa manera:

"Fue así, en un comienzo, que se establecieron íconos clave para significar el pasado distante, incluso el garrote, la piel de animal, la desnudez, la hirsutez y el color oscuro. Esos atributos se hicieron

EL MITO DE ADÁN Y EVA Y LA PERVIVENCIA DEL CRI... | 59

símbolos visuales que jugaron un papel importante para comunicar el estado primitivo y para separar a los que no eran griegos ni romanos. Eso confería estatus de extranjero o bárbaro y resumía las cualidades de la existencia no civilizada." [3]

Así que, cuando no se describía a romanos o griegos, había una idea de que había otros seres humanos que podían no ser tan evolucionados como ellos. Quizás los cristianos hayan heredado esa idea a través de San Pablo, pero lo entendían como la diferencia entre cristianos y paganos. Moser explica:

"En un sentido amplio, los íconos visuales elaborados en las épocas de principios del cristianismo, medievales y renacentistas, funcionaban como un diálogo más amplio referente a la definición del cristiano. Ese diálogo era intrínsecamente visual y se basaba en formas simbólicas para expresar el primitivismo de la existencia pagana." [4]

Obviamente los primeros cristianos nunca pensaron demasiado en el hecho de que, si había seres humanos que no eran muy avanzados, desarrollados, ni muy civilizados en la Biblia, era posible que los antepasados de toda la humanidad tampoco hubieran sido muy avanzados o desarrollados. Mi conclusión es que, *a contrario sensu*, es muy probable que los antiguos hebreos hayan intuído que los seres humanos habían comenzado como primates.

EL ALMA INMORTAL

"Porque ese cielo tan azul que todos vemos ni es cielo ni es azul. ¡Lástima grande que no sea verdad tanta belleza!" – **Lupercio Leonardo de Argensola**

En la antigüedad, las personas se preguntaban si el alma humana era diferente de las del resto de los animales porque sabían que los seres humanos estamos concientes de existir; sabían que tenemos un alto nivel de conciencia, y otros animales no tienen esa conciencia, o no la tienen en el mismo grado. Bueno, sí, la tenemos. Tenemos conciencia. Hemos logrado un nivel de conciencia que no tiene igual entre los animales y, por lo que sabemos, es inigualado en el universo. ¿Es realmente inigualado en el universo? Eso es lo que creemos. No hemos encontrado nada parecido. Los científicos dirían que la respuesta estará en saber si es un resultado probable de la selección natural o un increíble golpe de suerte. Los eventos probables ocurren frecuentemente. Los eventos improbables, rara vez lo hacen. Hasta el momento no hemos encontrado vestigios de otra vida inteligente en el universo.

La otra pregunta que los filósofos griegos se hacían era: "¿Es inmortal nuestra alma"? Algunos creían que sí. San Pablo y los Padres de la Iglesia también contestaron con un sonoro "Sí".

El debate entre los teólogos y filósofos sobre la inmortalidad del alma duró siglos. San Pablo lo revivió exitosamente después de la muerte de Jesús.

Platón, en su diálogo con Glaucón, en la *República*, estaba muy entusiasmado con la inmortalidad del alma: *"Pero si me escuchas, y crees que el alma es inmortal y que puede soportar todo el mal y todo el bien, siempre nos irá bien, y en todas partes seremos justos y sabios."* [1]

San Pablo creía firmemente en esa idea platónica. Desde ya, su interpretación del mensaje de Jesús y el Reino de Dios estaba basada en el concepto del alma inmortal.

Otros teólogos salieron con todo tipo de teorías surrealistas de lo que sucede con el alma cuando morimos. Martín Lutero creía que el alma entraba en un sueño y permanecía dormida hasta el día del juicio final. Locke creía que tanto el cuerpo como el alma mueren y que ambos resuscitan (tnetopsiquismo). Muchos de ellos, incluso Priestley y Tyndale, creían en la resurrección de los muertos.

La doctrina paulina de la Iglesia Católica y de otras iglesias cristianas cree por supuesto que el alma del individuo es inmortal. De esa manera los seres humanos van al cielo, al infierno o al purgatorio.

Yo diría que San Pablo no malinterpretó el significado original del Libro del Génesis de que Adán y Eva eran animales que habían evolucionado, que morirían y que ahí se acabaría la cosa. Yo diría que el entendió que "o de seguro moriréis" significaba que los seres humanos morirían a partir de ese momento, ya que Adán y Eva continuaron viviendo y Dios no podía haber estado equivocado. Pablo agregó que, si eran buenos, Jesucristo les daría a sus almas una vida inmortal en el cielo. Pero, la otra cara de la moneda—que intentó explicar—es que antes de la expulsión habrían tenido que ser originalmente inmortales.

En cualquier caso, si Pablo le hubiera dado al Libro del Génesis la interpretación que le habían dado los escribas que recopilaron las Escrituras, les podría haber dado un alma después a Adán y Eva. Tal vez... —para encontrarle una solución a su espinoso problema—. El asunto con esa solución es que San Pablo probablemente haya querido un corte limpio con el origen animal de la especie que estuviera más acorde con la naturaleza semi-divina de los seres humanos (ya que Dios había creado al hombre a su imagen y semejanza). Así podrían tener un Mesías que también era el Hijo de Dios. Es difícil saber si quería eso y tergiversó el mito o si realmente lo malinterpretó. De cualquier modo, logró algo más espiritual de lo que había en el Antiguo Testamento.

Como dijéramos, algunos filósofos griegos (Platón, por ejemplo), de manera muy civilizada, creían que los seres humanos tenían un alma inmortal. San Pablo basó su alma inmortal individual en la de Platón pero le agregó detalles propios para adaptarla a la doctrina cristiana. Los seres humanos son mejores que los otros animales y están separados de ellos. Ahí está. Los saduceos, que eran la comunidad judía más importante, rechazaban la idea del alma inmortal en ese momento y los judíos han seguido rechazándola desde entonces.

Aristóteles creía que teníamos alma, pero un alma mortal, como la de los otros animales. Mucho más adelante, Santo Tomás de Aquino especificó que solo los seres humanos tenían alma inmortal. Dijo que los animales tenían alma pero que era mortal. El tipo de decisiones que no sobrevive bien en ninguna teología. Santo Tomás de Aquino, en ese sentido, fue un poco más lejos de lo que se había dicho antes de su época. Y cada vez que uno toma una decisión como ésas hay que explicar los cómos y los porqués, y eso no siempre es una tarea fácil. Lo que sigue nunca, nunca, tiene mucho sentido.

Una vez que San Pablo hubo decidido que los humanos no morían porque, por medio de Jesús, tenían derecho a una existencia inmortal en el cielo, el alma inmortal individual pasó a ser una parte importantísima de la doctrina cristiana. Si hablamos de nuestro nivel de conciencia, es obvio que solo los seres humanos tienen alma (en realidad en algún momento, después que Colón descubriera América, hubo debates en los que se discutió si los indios de las Américas tenían alma).

Sin embargo, por medio de la idea cristiana de San Pablo, aun si uno era un esclavo, o muy pobre, o enfermo, uno todavía tenía derecho a la felicidad eterna. Solo había que ser un individuo. Pablo era un vendedor, y vendía esperanza. De manera muy exitosa, debo añadir.

La noción del alma inmortal se esparció con el cristianismo. Por cierto, el que vendió el alma inmortal a las masas fue San Pablo.

Si empezamos por la idea de que los animales están vivos —es decir, que según los hebreos tienen *nephesh*— lo que Adán y

Eva habrían adquirido, al comer la fruta del árbol en el Paraíso Terrenal fue lo que los griegos llamaban *psyche,* lo que San Pablo imaginó como el alma inmortal individual, y lo que ahora llamamos conciencia o uso de razón.

No nos tiene que sorprender que la idea que San Pablo tenía del alma, al ser individual e inmortal era de origen griego. Él era un judío helenístico. Sus imágenes, cuando fueron adoptadas por los Padres de la Iglesia, significaron que el cristianismo seguiría su propio camino, separado del judaísmo. El cristianismo iba a ser una religión de gentiles.

EL CRISTIANISMO Y EL JUDAÍSMO

Saulo de Tarso, que luego fuera San Pablo, era, por sobre todo, judío. Sus comienzos fueron los comienzos de un judío. Al decidir que quería separar su secta —la de Jesús— del judaísmo (o sea que iba a aceptar a los gentiles y rechazar el concepto de la circuncisión), lo que hizo resultó en un proceso evolutivo. O sea que el cristianismo no fue creado a partir de cero. Tiene muchísimos antecedentes comunes con el judaísmo. El cristianismo fue creado a partir de la Tanaj, la Biblia de los antiguos hebreos.

En ese sentido, ambas religiones basan su fe en la Tanaj, el libro que más influencia ha ejercido en el mundo. Pero las diferencias de interpretación entre cristianismo y judaísmo son enormes. Y todas ellas tienen que ver con Pablo.

La interpretación de los judíos está relacionada con Dios, con la tierra de Israel y con el pueblo elegido. Es una colección de historias del pueblo judío. La Torah constituye la Ley absoluta para los judíos, según la ordenara Dios. Esa parte es una guía sobre cómo vivir la vida siendo judío (aparte del Talmud). La creación de los seres humanos y el mito del Paraíso Terrenal no son tan importantes como, por ejemplo, la fe que tenía Abraham de que debía obedecer a Yahweh y que sería el genearca de una gran nación. Los judíos no creen en la salvación simplemente porque no creen ni en el alma individual ni en el más allá.

Los cristianos creen que el Antiguo Testamento cuenta una historia inconclusa que solo se completa leyendo el Nuevo Testamento. La pérdida de la inocencia de Adán y Eva, su desobediencia, el pecado y su castigo, tienen que desembocar en una historia de perdón, de redención y salvación, que solo llega con la vida, muerte y resurrección de Jesús de Nazareth. La explicación de todo reside en el alma individual.

SAN JUAN BAUTISTA

Si hay una persona importante en la vida espiritual de Jesús, esa persona tiene que ser el Bautista. El ministerio de Jesús comenzó cuando tenía treinta o treinta y un años, después de oírlo hablar a Juan—un extraño predicador carismático—que bautizaba a la gente a orillas del Río Jordán.

Lo que los Evangelios dicen es que Juan era hijo de Zacarías, nacido en Abia, y de Isabel, ambos descendientes de Aarón, que también estaba emparentado con María, la madre de Jesús. Ambos padres de Juan descendían de familias de sacerdotes y eran una pareja muy devota. Vivían en las sierras de Judá, cerca de Hebrón. Isabel no había podido tener hijos por mucho tiempo. Un día, un ángel se le apareció a Zacarías y le dijo que Isabel tendría un hijo, que sería llamado Juan (es decir, su nombre tenía proveniencia divina) y que estaría "colmado del Espíritu Santo" (Lucas 1:15). No bebería alcohol. De acuerdo a la leyenda, Herodes el Grande ordenó que mataran a Zacarías. La muerte de su esposo hizo que Isabel se fugara al desierto con su bebé. Lucas dice: *"Y el niño creció, y se puso fuerte de espíritu, y estuvo en el desierto, hasta el día en que se mostró a Israel"* [1] Toda la historia de la muerte de Zacarías y de la fuga al desierto es un tanto controvertida. Lo que parece haber sido cierto es que Juan descendía de familias de sacerdotes.

Juan continuó viviendo en áreas desérticas hasta el final de sus días. Según Lucas, Juan oyó la palabra de Dios: *"Y vino a la zona de los alrededores del Jordán, predicando el bautismo del arrepentimiento para el perdón de los pecados"* [2]

Juan normalmente iba vestido con ropas muy rústicas, hechas de piel de camello, y un cinturón de cuero. Comía langostas y miel salvaje. Su tipo de vestimenta agreste nos recuerda a Elías, el profeta que describe la *Torah*, que presagió a Juan. El bautismo era básicamente una inmersión, y a él se lo conocía como "El Bautista", o "El que Administra la Inmersión Ritualística". Habiéndose lavado con agua, los pecados de la gente se le perdonaban y se suponía que la gente comenzaba a participar en la vida de la comunidad. ¿También se les daba un nombre? De acuerdo a la Iglesia Católica Apostólica Romana, volcar agua sobre toda la piel significaba volcar el Espíritu Santo.

Hay cosas muy interesantes sobre San Juan Bautista: la primera es que, aun en las épocas de Jesús, es decir, hace dos mil cien años, él creció y vivió en el desierto y usaba ropa agreste. Eso parece haber sido aceptado en Israel como algo quizás no totalmente normal pero no totalmente inusual tampoco. No era ermitaño. Es posible que su madre lo hubiera llevado a vivir al desierto después de la muerte de su padre, como hemos dicho. Otro aspecto interesante es la naturaleza del bautismo. Aparentemente los esenios compartían ambas costumbres (vivir al aire libre y sumergirse en agua); los esenios eran una secta muy conocida hoy en día gracias a los rollos del Mar Muerto. Algunos hasta dicen que Juan era esenio. Eso no es muy probable.

Ha habido otras religiones o cultos con ritos de iniciación que incluían sumergirse en agua. Apuleyo (un autor romano que vivía en el segundo siglo DC) describe un rito similar para la introducción al culto de Isis. De nuevo, como algo muy interesante, Lucio, el personaje principal del libro *Metamorfosis* o *El asno de oro* se transforma en un animal (un asno, por supuesto), y luego Isis le devuelve la forma humana. Es decir, recobra la forma humana y regresa a la comunidad humana con la ayuda de una deidad. Eso nos recuerda lo que pasa con el bautismo.

¿Qué pecados eran los que lavaba San Juan Bautista? Bueno, no hay una descripción de los pecados ni una idea de pecado antes del cristianismo, me imagino. ¿Estaría el Pecado Original entre ellos? Es decir, ¿existiría un concepto similar en esas épocas? Por lo menos eso es lo que el bautismo hace en la actualidad. ¿Podía perdonar los pecados de la gente? El bautismo es un sacramento cristiano cuya intención es perdonar el Pecado Original y recibir a la persona como nuevo miembro de la comunidad cristiana. Quizás eso explique el hecho de que se dé un nombre al bautizado. En una comunidad hace falta un nombre. El Evangelio según San Marcos dice que el bautismo que ofrecía San Juan era "para el perdón de los pecados". Aslan cree —y yo, humildemente, estoy de acuerdo con él— que Marcos ha retroadaptado esa nueva noción a la *Torah*: *"La inconfundible naturaleza cristiana de esa frase pone seriamente en cuestión su historicidad. Suena más como una proyección cristiana sobre los actos del Bautista, no algo que el Bautista hubiera afirmado él mismo —aunque de ser verdad, habría sido una extraña declaración de la iglesia en sus comienzos sobre Juan: que tenía la facultad de perdonar los pecados, aun antes de conocer a Jesús."* ³ Creo que lavar el cuerpo no habría sido para perdonar los pecados. Probablemente hubiera sido más cercano a las inmersiones rituales de otras religiones: para recibir al individuo a la comunidad espiritual, o al mundo espiritual en general.

El hecho de que tenemos conciencia, de que sabemos que existimos, crea una dualidad en los seres humanos: hay algunas tendencias en nosotros que son más físicas y otras que son más espirituales. En la antigüedad, los seres humanos parecen haber estado muy concientes de esa dualidad. Los romanos describían la dualidad en términos de nuestra naturaleza apolínea (más espiritual) y nuestra naturaleza dionisíaca (sensual, emocional e irracional).

Lo que nos trae de vuelta al Pecado Original. La doctrina cristiana quiere que creamos que los seres humanos son pecadores (más dionisíacos) a causa de la caída de Adán en el Paraíso Terrenal. Pero ¿era ése el significado original de ese mito en la *Torah*? Haya sido lo que haya sido el significado del mito y del ritual de San Juan, lo más importante de San Juan es que parece haber sido importantísimo en inspirar a Jesús para comenzar a predicar.

JESÚS

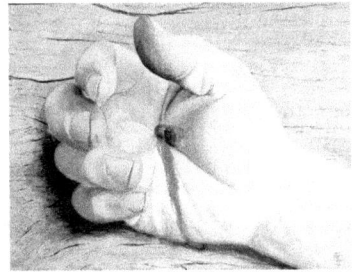

A lo largo de su historia, el judaísmo había tenido santones a quienes se llamaba 'profetas'. Ellos no predecían necesariamente el futuro, pero se creía que su consejo era inspirado por Dios y, como tal, se escuchaba, o por lo menos se respetaba. A menudo eran seres extraños, hombres con sus propias creencias éticas y morales. A veces chocaban con la religión principal, la del Templo.

Jesús de Nazareth era carpintero, o constructor (el término griego usado en el Nuevo Testamento es *"tekton"*), de la provincia de Galilea, en el Norte de Palestina. Vivía en Nazareth pero probablemente trabajaba en una ciudad grecoromana llamada Séforis. Después de tener una revelación de Dios, como otros místicos de la época, comenzó a predicar y, según sus discípulos, a hacer milagros. Tenía un grupo de seguidores que creían en él como profeta carismático. Esa pequeña secta fue el embrión de la Iglesia cristiana.

Después de la muerte de Jesús, un fariseo llamado Saulo de Tarso, más adelante conocido como San Pablo, se unió a la secta y se transformó en uno de sus mayores proselitistas. Pablo, muy sofisticado para su tiempo, se encontró en medio de un grupo de campesinos que eran los líderes de la secta. Pero él no estaba interesado en una secta judía pequeña, periférica. Él quería una religión universal. La mejor manera de alcanzar esa meta, decidió, era proponer una idea griega: la vida espiritual eterna. Finalmente se separó del judaísmo, pero tomó prestados su Dios y su Biblia, la *Tanaj*, y cambió las enseñanzas de la *Torah* (los primeros cinco libros de la misma, también llamados el *Pentateuco*) adaptándolos a su nueva doctrina. Al hacerlo, Pablo también dio a los seres humanos el alma inmortal que desconocían tener.

No existe duda alguna sobre el poder Jesús, el hombre, y su mensaje. Ha sido la figura más influyente de la historia, aunque haya gente que no acepte ese concepto. La duda, sin embargo, radica en la manera en que los Evangelistas, la Iglesia y el cristianismo en general han interpretado, malinterpretado, tergiversado, o embellecido su vida y su mensaje.

Bhagwan Shree Rajneesh (también conocido como Osho), un *"gurú"* indio de la segunda mitad del siglo XX, creía que Jesús era un iluminado cuyo mensaje no se había comprendido desde el principio: *"Entonces ¿qué pasa, de dónde sale la Iglesia? Pasa que Jesús vive en un plano de existencia totalmente distinto, el plano de la iluminación—y los que lo escuchan, los que lo siguen, viven en el plano del sueño. A quienquiera que oigan, o que interpreten, lo interpretan a través de sus propios sueños—y todo lo que crean será un pecado".* [1] Yo diría que no andaba demasiado lejos.

Es una pena que Jesús—muy probablemente por haber sido analfabeto, como sus discípulos—no dejara nada escrito. Lucas, en su Evangelio, dice que cuando tenía doce años sus padres lo encontraron en el Templo debatiendo religión con los doctores. Acá no se dice si sabía leer o escribir; era solo un niño que hacía preguntas y ofrecía opiniones. Más adelante, Lucas dice que Jesús, cuando volvió a Nazareth después de haber sido tentado por el Diablo, fue a la sinagoga y leyó un pasaje de las escrituras. Era de una familia muy humilde y vivía en una pequeña aldea. El episodio es altamente improbable, ya que la gran mayoría de la población de Judea era analfabeta entonces. El hecho de que no dejara nada escrito parecería confirmar la hipótesis de que era analfabeto. Eso también hay que ponerlo en el contexto de la época y de estar en un país primitivo que, en sí, como dijimos, era casi totalmente analfabeto.

El único del grupo que dejó documentos escritos fue Pablo. En realidad era un recién llegado y ni siquiera había conocido a Jesús. Se había unido a la secta después de la muerte de Jesús y escribió sus epístolas décadas más tarde. Los principales documentos que nos han quedado sobre la vida de Jesús son los Evangelios, escritos, lógicamente, por los Evangelistas: Mateo, Marcos, Lucas y Juan. Ésos son los nombres de los cuatro, pero eso es casi todo lo que sabemos. No tenemos muchos más datos sobre ellos ni sobre sus vidas. Y los Evangelios fueron escritos décadas después de las Epístolas de Pablo.

Aslan y muchos otros tienen dudas sobre su autenticidad histórica. Probablemente ésa no sea la mejor manera de considerar el objeto de los Evangelios. No es razonable hacerlo, ya que su propósito nunca fue de servir como registros históricos o biográficos como los que conocemos hoy en día. Aslan dice: *"Éstos no son relatos de testigos de las palabras y actos de Jesús registrados por personas que lo conocieron. Son testimonios de fe recopilados por comunidades de fe y escritos muchos años después de los acontecimientos que describen. Para decirlo simplemente, los evangelios nos hablan de Jesús el Cristo, no Jesús el hombre."* [2] Sabemos que cuando las historias se transmiten a lo largo de los años, de una persona a otra y de una generación a otra va a haber cambios, los héroes serán más heroicos, las anécdotas, más impresionantes; en resumen, las historias serán mejoradas de una manera muy natural. Quiero agregar que, en cierto grado, debo estar de acuerdo con Aslan, aunque los Evangelios tengan un valor que no es exclusivamente histórico.

Por supuesto, los Evangelistas dan cuatro versiones distintas de la misma historia oficial. Sus escritos fueron elegidos (canonizados) entre muchos para pasar a formar parte del Nuevo Testamento porque coincidían con las principales enseñanzas de la Iglesia. Los de Marcos, Mateo y Lucas (los *Sinópticos*) fueron escritos más o menos durante la misma época. El Evangelio según Juan fue escrito más de un siglo después de la muerte de Jesús. Juan es el más cercano a Pablo con respecto a la divinidad de Jesús.

Todos ellos se esfuerzan en probar al menos que Jesús era el Mesías. Juan quiere probar que Jesús no es solamente el Cristo, el Ungido. Jesús es Dios.

Se me viene un ejemplo a la mente: las profecías decían que el Mesías tenía que ser descendiente del Rey David y que iba a salir del pueblo de David, Belén, así que Mateo hace grandes esfuerzos para probar una genealogía de Jesús que comienza en Abraham y continúa, pasando por David, hasta José. *"Abraham fue padre de Isaac, e Isaac, de Jacob... Y Jacob fue el padre de José, el esposo de María, de quien nació Jesús, a quien llaman el Cristo."* [3]

Ahí ya hay un problema. José quizás haya descendido de David, pero se suponía que José era solo el padre putativo de Jesús. José fue el padre de Jesús durante la vida de Jesús. Sabemos que, según el Nuevo Testamento, la madre, María, era una virgen y el padre real era el Espíritu Santo. El Ángel del Señor lo dice muy claramente unas líneas más abajo: *"Pero mientras pensaba en esas cosas, el Ángel del Señor se le apareció en un sueño, y le dijo, José, tú, hijo de David, no tengas miedo en tomar a María por esposa; por que el que ha sido concebido en ella, es del Espíritu Santo."* [4] En Lucas, I:28, el Ángel le dice lo mismo a María. Ella va a concebir el hijo del Espíritu Santo. ¿Y entonces que pasó con la línea de David? ¿De qué manera Jesús descendía de David? De alguna forma, Santa Ana, la abuela materna de Jesús también terminó siendo descendiente de David. Siendo judío, eso tendría sentido, ya que el judaísmo se adquiere por el lado materno. De todas maneras, ése es el tipo de cosa descabellada que está por todas partes en el Nuevo Testamento. Pero entonces, uno cree o no cree.

Aunque en varias partes del Nuevo Testamento se lo llame Jesús de Nazareth, y aunque viviera en Nazareth la mayor parte de su vida, se supone que Jesús venía de Belén, porque eso coincidiría con lo que los profetas habían dicho del Mesías: que iba a venir de Belén. Aslan se pregunta: *"¿Por qué, entonces, Mateo y Lucas y solo Mateo (2:1-9) y Lucas (2:1-21) dicen que Jesús no nació en Nazareth sino en Belén, aunque el nombre Belén no aparezca en ninguna parte en la totalidad del Nuevo Testamento (ni siquiera en ninguna otra parte en los evangelios de Mateo o Lucas, que repetidamente llaman a Jesús "el Nazareno", excepto por un único versículo en el Evangelio según Juan (7:42)?"* [5]

Lo que es evidente en los Evangelios es que Jesús era un líder entre los hombres y un asceta. Era un hombre con un mensaje. Su mensaje era religioso, pero no del grupo principal, o religioso del Templo. El Templo no les había servido a los judíos contra ninguno de sus opresores, y menos contra los romanos. Jesús se había establecido como una figura carismática de alternativa. Prometía que los liberaría del yugo. Pero como hablaba en parábolas, lo que muchos hombres sabios hacen, y hacían en esos días, a menudo se malinterpretaba el significado. Aslan cree que él hablaba de la liberación de Judea. Es probable que eso sea verdad, pero obviamente su mensaje iba más allá de todo eso.

Sin duda, su mensaje era espiritual. De cualquier modo, la lectura que hizo Pablo de su mensaje era espiritual… y luego le agregó sus propias ideas al mensaje, pero siempre hablando del alma y del más allá: *"Porque si vives para la carne, morirás: pero si a través del espíritu mortificas las cosas del cuerpo, vivirás."* [6] En una época en que los paganos romanos eran los amos de Palestina, cuando había muy poca esperanza de que las cosas cambiaran durante la vida de ninguno de ellos, el mensaje de Pablo era un mensaje de esperanza eterna. La perspectiva de la vida en el cielo era ciertamente un bienvenido rayo de luz en las míseras vidas de los campesinos de la época, tanto judíos como gentiles.

Cuando tenía 32 años de edad, Jesús, aparentemente muy impresionado con Juan Bautista, fue a verlo y por cierto Juan lo bautizó en el Río Jordán. Los Evangelios dicen que el Espíritu Santo, en forma de paloma blanca, descendió sobre Jesús, y que el Bautista dijo *"Éste es el del que he hablado. Que vino después que yo lo hiciera, pero que es preferido por sobre mí, porque estaba antes que yo."* [7] Más adelante, Lucas dice *"Y Jesús, colmado del Espíritu Santo, regresó del Jordán, y el espíritu lo dirigió al desierto".* Ahí fue donde el Diablo lo tentó y después de regresar, triunfante, comenzó su ministerio.

Jesús tenía doce discípulos, que probablemente hayan representado las doce tribus de Israel. Eligió la pequeña aldea costera de Capernaum como base, y sus prédicas atraían grandes multitudes. Según los Evangelios, curaba a los enfermos, realizaba exorcismos y hacía milagros. Los Evangelistas dan muchos ejemplos de sus actos milagrosos.

Jesús, en sus prédicas, se refería frecuentemente al "Reino de Dios", y prometía a los que lo escuchaban que los que creyeran en él llegarían a ver el Reino. Nunca estaba claro si se refería a la vida eterna o al cielo, o si solo se refería a un reino en el que los pobres campesinos no pasarían más hambre, donde se curaría a los enfermos, aun donde los muertos no estarían necesariamente muertos para siempre. Marcos da un ejemplo en el que resuscita a la hija de una mujer que tenía fe en que él podría hacerlo: *"Y se rieron y se burlaron de él pero después de hacerlos callar, tomó al padre y a la madre de la niña, y a los que estaban con él, y entró en donde yacía la niña. Y tomó a la niña de la mano y le dijo, Talitha cumi, lo que, si se interpreta, significa: Niña (te digo) levántate. E inmediatamente la niña se levantó, y caminó, porque tenía doce años: y ellos quedaron asombrados con gran asombro."* [8] Jesús prometía que muy pronto vendrían cambios y, según los Evangelios, mostraba con sus milagros cómo serían los cambios.

No cabe duda de que era un maestro excepcionalmente sabio. Cuando uno quiere enseñar algo, la demostración funciona a las mil maravillas. Y Jesús, literalmente, hacía maravillas. Las parábolas,—que él usaba frecuentemente—funcionaban como una especie de escritura rápida. En vez de explicar, Jesús contaba historias (y hacía milagros). El único problema con su método es que las interpretaciones de sus historias y dichos varían en forma extrema, como sabemos. La combinación de sus sermones y sus actos proporcionaba un cuadro muy poderoso que la gente obviamente creía. Y les entusiasmaba oír cualquier cosa que Jesús quisiera decirles.

Su prédica en Capernaum fue muy exitosa, así que viajó a distintas zonas, incluso fuera de Judea. Fue a Tiro y a Sidón, en Fenicia. Luego fue al Este del Jordán, a un lugar llamado Cesarea Filippi. Jesús quería saber qué era lo que la gente pensaba de él. Siempre les preguntaba a sus discípulos: *"... les dijo, Quién dicen los hombres que soy?... Y Pedro le contestó, diciendo: 'Tú eres el Cristo'."* [9] Bueno, según Marcos, durante su vida fue el Ungido, el Elegido. Era el "Cristo".

Para la Pascua, Jesús fue a Jerusalén montado en un burro. La gente de Jerusalén lo recibió con palmas, lo que él disfrutó, pero no le gustó lo que vio en el Templo. Los que cambiaban dinero estaban haciendo su negocio, ya que la gente tenía que pagar por sus sacrificios y no podían pagar en monedas romanas sino en shekels del Templo. Jesús los enfrentó; les gritó que habían convertido al Templo en una cueva de ladrones, y dio vuelta las mesas de los vendedores de palomas. Ese arranque probablemente le haya costado la crucifixión. Caifás, el Alto Sacerdote, no iba a tolerar esa clase de comportamiento en su Templo.

Durante la cena de Pascua, Jesús anunció que uno de sus discípulos, que estaba presente en ese momento, lo traicionaría. Se refería a Judas Iscariote. Después de la cena todos fueron a Getsemaní, en donde les pidió a los discípulos que se sentaran y lo esperaran mientras rezaba. Cuando estaba rezando y los discípulos se habían dormido, llegaron muchos soldados con espadas a Getsemaní, acompañados por Judas. Judas les había dicho que reconocerían a Jesús porque él le daría un beso. Después que Judas lo besara, los soldados lo llevaron ante Caifás, que era el que había ordenado su arresto. Caifás lo interrogó.

Pero Caifás no tenía la autoridad para juzgarlo ya que estaban en Judea ocupada por los romanos; había que llevar a Jesús ante el prefecto romano, Poncio Pilatos. Poncio lo interrogó otra vez. Y luego le ofreció a la gente la posibilidad de perdonar a Jesús y sacrificar a otro prisionero, Barrabás. Marcos nos cuenta que la gente dijo que el que tenía que ser crucificado era Jesús. Esa versión del acontecimiento ha sido usada contra los judíos por más de dos mil años. Fue una cosa rara, ya que la crucifixión era una pena romana. Jesús fue juzgado y hallado culpable por las autoridades romanas. Y el crimen que se alegaba había cometido era el de sedición. Según lo que apareció escrito en el cartel que iba sobre la cruz, su crimen era que quería ser Rey de los Judíos (Iesus Nazarenvs Rex Iudaeorum/ INRI).

Aslan duda de la veracidad del episodio y proporciona una respuesta convincente: *"¿Por qué habría inventado Marcos una escena tan evidentemente ficticia, una que su audiencia judía habría reconocido inmediatamente como algo falso? La respuesta es simple: la audiencia de Marcos estaba en Roma, que es donde él vivía. Su relato de la vida de Jesús de Nazareth fue escrito unos meses después que la Revuelta Judía había sido derrotada y Jerusalén, destruida".* [10]

Luego Jesús fue azotado y crucificado ya que era un alborotador y un rebelde contra el Templo y contra Roma. Lo llevaron a un lugar llamado Gólgota ("Sierra de las Calaveras", en arameo) donde otros "bandidos" serían crucificados junto con él. Todos los discípulos se habían ido y estaban escondidos, aterrorizados de que los crucificaran a ellos también. Solo dos mujeres, María Magdalena y María, su madre, estuvieron con él hasta que llegó el amargo fin. En total, sus prédicas habían durado un año. Cuando murió tenía solo treinta y tres años de edad.

Los cuatro Evangelistas están de acuerdo en que José de Arimatea, que era miembro del Consejo del Sanhedrín y seguidor de Jesús, fue la persona que se hizo cargo del entierro de Jesús. José compró una mortaja para cubrir el cuerpo y prestó la tumba de su familia, que era un sepulcro tipo cueva tallado en la roca, para enterrarlo. Lo que pasó después constituye uno de los principales postulados del dogma de la Iglesia Católica y del cristianismo en general. Según Juan, el Evangelista, María Magdalena fue a visitar la tumba y la encontró vacía. Entonces se acercó hasta donde estaban los discípulos y les pidió que fueran al sepulcro con ella. Pedro y otro discípulo fueron y encontraron la tumba vacía. María Magdalena miró adentro y vio dos ángeles sentados donde había estado el cuerpo yacente de Jesús. Y entonces lo vio, y Jesús le habló y le dijo que hablase con los discípulos y les dijera lo que había sucedido. Jesucristo había resucitado en cuerpo y alma.

SAN PABLO

Antes de intentar explicar el papel de San Pablo en el desarrollo o la creación del cristianismo, quizás debamos analizar brevemente el estado del judaísmo durante la vida de Jesús.

Era una época de grandes cambios en Palestina, una época de fluidez y—como sucede a menudo—de distintas facciones, opuestas, que coexistían durante un período de crisis. En el caso del judaísmo, había básicamente tres capas que son vitales para entender cómo surgió el cristianismo y quién era San Pablo: 1) Estaba el Templo (los saduceos y la clase sacerdotal), que seguían con el antiguo judaísmo original de sacrificios de animales a Yahweh y con la clásica interpretación de las Escrituras; 2) estaban los fariseos, que eran una nueva secta (más los esénios, en menor grado) que interpretaban y analizaban la Biblia Hebrea de manera mucho más rigurosa. Después que los romanos destruyeran el segundo Templo bajo Tito en 70 DC, se convirtieron en los mayores exponentes del judaísmo –y los rabinos actuales con su Talmud y su Mishna son, en cierto modo sus descendientes–; y 3) había varios exponentes de lo que Geza Vermes llama "judaísmo carismático"; San Juan Bautista y Jesús de Nazareth eran ambos exponentes de ese tipo de expresión religiosa: ascetas o santones que curaban a los enfermos, hacían milagros, profetizaban y llevaban a cabo exorcismos y resurrecciones (había algunos de ellos entre los esenios también); tenían grandes cantidades de seguidores y tradicionalmente se los consideraba como diferentes versiones de los antiguos profetas, tipo Samuel, Elías o Elisha, que habían vivido varios siglos antes. Aslan llega a decir *"Juan tal vez haya sido esenio"*.

Lo que queda bien claro es que el judaísmo estaba en un estado de total fluidez. Las nuevas corrientes de la religión rechazaban el sacrificio de animales como forma principal de culto. Los saduceos y su Templo estaban en el lado equivocado de la historia. No obstante, Pablo, que había sido fariseo, quiso interpretar que el sacrificio de Jesús había constituído una expiación de los pecados de la humanidad. Quizás ésta sea la conexión que una al Templo con el cristianismo. Y lo es, como dijéramos, de una manera en la que Pablo resalta la crueldad de las religiones arcaicas y a la vez, haciendo morir a Dios, habla del ser humano como individuo.

Tanto los fariseos como los judíos carismáticos eran tolerados por los saduceos, que se oponían vehementemente a la inmortalidad del alma. Todos ellos tenían acceso al Templo. Sabemos el resto: los saduceos dejaron de existir, los fariseos se metamorfosearon en el judaísmo rabínico, y los judíos carismáticos, o por lo menos algunos de ellos, sobrevivieron y de ellos dimana el cristianismo.

Es posible que Saulo, o Pablo, que era judío de la diáspora y sobreviviente de crisis, haya pertenecido a las tres corrientes del judaísmo en un momento u otro. Y la secuencia quizás haya sido la más lógica: saduceo > fariseo > cristiano. Para el año 33DC (antes de la muerte de Cristo), era fariseo.

Pablo era mucho más sofisticado que cualquiera de los apóstoles (y no era uno de ellos aunque más adelante haya aspirado a serlo). También era más educado que Jesús, a quién, según dijéramos, no conoció y quien probablemente haya sido analfabeto. Pablo podía leer y escribir, hablaba por lo menos tres idiomas y, en cuanto a doctrina, sus Epístolas, o cartas, representan los capítulos más influyentes del Nuevo Testamento.

Volvamos a los hechos históricos. Después de haber muerto Jesús, muchos de los apóstoles salieron de Jerusalén en todas direcciones. Solo unos pocos permanecieron en la ciudad, y los que se quedaron pasaron a constituir el Consejo Cristiano.

Pablo había nacido en Tarso, la capital de Cilicia, que en esos días era parte de la Roma helenística. A los nativos de Tarso el Imperio les había otorgado derechos de ciudadanía. Pablo era judío, y fariseo, y también era ciudadano romano. Podía hablar griego (demotiki), latín y arameo. Al momento de la muerte de Jesús se hallaba en Jerusalén, donde había vivido por algún tiempo y, según su propio relato, era uno de los fariseos fanáticos que perseguían a los discípulos de Jesús. Aparentemente había participado en el martirio de San Esteban. Más adelante, al convertirse, fue tan fanático de cristiano como lo había sido cuando era fariseo.

Ya sea que la noción del alma inmortal individual haya precedido a Saulo/ Pablo entre los fariseos o haya sido al revés, no tiene la menor importancia. Quizás los fariseos ya habían aceptado esa idea. Pero lo que sucede es que cuando él se convirtió al cristianismo (cuando "creó" el cristianismo), el alma inmortal apareció como parte de la nueva religión. Lo seguía como su propia sombra. La historia helenística de Pablo, creo, es una indicación de que quizás haya entrado en contacto con las ideas de Platón sobre el alma inmortal. ¿Fue coincidencia que así suceda? No lo creo.

Como persona educada y como alguien que había vivido en ciudades toda su vida, era muy fácil que Pablo idealizara las virtudes humanas. Entonces, de predicar que los seres humanos tienen un alma inmortal a predicar que un ser humano era una deidad, había muy poca distancia. Pablo no era alguien de hacer las cosas a medias. Salió con todo en esa dirección. Por supuesto, tomo un poco más de doscientos años antes de que la idea prendiera totalmente y se oficializara como parte del dogma cristiano.

Me imagino tres pasos lógicos en el fluir de este pensamiento, aunque esto es solo una hipótesis: 1) Los seres humanos no son animales. > 2) Los seres humanos, contrariamente a lo que sucede con los animales, tienen un alma inmortal individual. >3) Un ser humano puede ser dios. Bueno, quizás acá se pueda ver una progresión lógica.

Este último punto no era totalmente original, ya que había habido emperadores romanos que habían sido deificados. La diferencia es que la religión romana era politeísta, con varios dioses en su panteón, mientras que lo que Pablo proponía era algo más avanzado: un ser humano podía ser Dios de una religión monoteísta derivada del judaísmo.

Lo que se dice es que la conversión de Pablo ocurrió cuando estaba yendo camino a Damasco para destruir a la comunidad cristiana que había en esa ciudad. Dicen que vio una luz muy brillante y oyó una voz que le preguntaba:

"Saulo, Saulo, ¿Por qué me persigues?

Y el dijo, ¿Quién eres, Señor?

Y el Señor dijo: Soy Jesús, a quien persigues ..." [1]

La manera en que San Pablo comenzó a actuar después de eso concuerda con un cambio definitivo hacia el judaísmo carismático, (que finalmente lo alejaría del judaísmo y lo llevaría hacia la creación del cristianismo). Según Geza Vermes: *"El impacto personal del enviado de Dios tiene un papel particularmente importante en el judaísmo carismático. El contacto con él es un paso esencial en la marcha hacia la Deidad... y la totalidad de la literatura de Pablo y de Juan, sin mencionar siglos de esfuerzo teológico utilizado por la Iglesia cristiana, han intentado explicar la relación de Jesús con Dios y el carácter redentorio de su vida y muerte. Para resumir, sin entender propiamente el judaísmo carismático es imposible entender el cristianismo."* [2] Como vemos, la idea del Ungido, el Elegido, el Cristo, era esencial en el judaísmo carismático. Aunque Jesús retuvo el nombre de Cristo al hacerse no solo Jesús el Cristo, sino Jesucristo, la idea de Enviado desaparece y él se transforma en el Hijo de Dios. Pasó a ser parte integral de la Trinidad o la Divinidad.

La redención, el pago de un rescate para librarse de una deuda, un concepto íntimamente relacionado con los sacrificios de los saduceos —como viéramos— el chivo expiatorio, el cordero del sacrificio (relacionado hasta con el sacrificio de Isaac, que su padre, Abraham, estaba dispuesto a llevar a cabo para satisfacer a Dios, para mostrar su amor por Dios) se transformó en un concepto central del cristianismo paulino, aunque de una forma más sofisticada. El Hijo de Dios se sacrifica para librar a la humanidad del pecado. Todos los humanos, pecadores después de la desobediencia de Adán y Eva, son redimidos por la bondad de Jesús.

Saulo fue a Damasco pero ya se había convertido. No se mató a ningún cristiano en esa ciudad.

Se puede ser muy cínico con respecto a ese episodio. San Pablo, como Jesús, era un líder entre los hombres. Era ambicioso. Tenía ideas nuevas y vio una apertura en lo que originalmente había sido solo una nueva forma de judaísmo carismático. La comunidad cristiana de Jerusalén, encabezada por Santiago, el hermano de Jesús, parecía no tener mayores planes. El Consejo de Jerusalén no iba a ninguna parte. Eran todos simples aldeanos.

San Pablo viajó mucho después de convertirse, primero desde Antioquía hasta Chipre, después a Anatolia y desde ahí a muchas otras ciudades durante el período de sus esfuerzos misioneros. Su mensaje fue cambiando mientras hacía proselitismo entre los judíos primero y —después, cada vez más— entre los gentiles. Uno de los mayores centros de su trabajo fue Antioquía. En su segundo viaje misionero, era obvio que el mensaje de San Pablo se estaba desviando más y se iba alejando más del judaísmo. A su regreso a Palestina habló de la circuncisión durante una reunión del Consejo Apostólico. Entonces tuvo dos discusiones importantes con los líderes del movimiento, Santiago y Pedro.

Había todo tipo de diferencias políticas entre San Pablo y el Consejo. Pablo veía el futuro como algo fuera del judaísmo. Santiago, Pedro y los otros miembros del grupo querían permanecer dentro del judaísmo, aunque fuera como una secta judía. No había nada cierto. La situación parecía bastante inestable para el nuevo movimiento. Jesús ciertamente no se había preocupado por respetar las prohibiciones alimentarias de los judíos, pero bajo San Pablo, el tema de la circuncisión sería el más importante en términos de mantenerse judíos o no. En ello se jugaba la conversión de los gentiles.

El Consejo de Jerusalén envió delegaciones a la congregación de San Pablo en Galacia y a otros lugares donde él había estado predicando. Se suponía que tenían que corregir la perspectiva de San Pablo con respecto a la doctrina, especialmente sobre el Mesías y las Leyes de Moisés (la *Torah*).

Aslan describe la reacción de San Pablo ante esas intrusiones: *"Esas delegaciones indignaron a Pablo, ya que las veía, correctamente, como una amenaza a su autoridad. Casi todas las epístolas de Pablo en el Nuevo Testamento fueron escritas después del Consejo Apostólico y están dirigidas a las congregaciones que los representantes de Jerusalén habían visitado... Por eso esas cartas dedican tanto espacio a defender el status de Pablo como apóstol, pregonando su vínculo directo con Jesús, y motivando contra los líderes de Jerusalén..."* [3]

Pablo defendió sus enseñanzas con ataques vitriólicos contra el Consejo de Jerusalén y sus representantes:

"10. Como la verdad de Cristo está en mí, ningún hombre me impedirá jactarme en las regiones de Acaya.

11. ¿Por qué? ¿Porque no os amo? Dios lo sabe.

12. Pero lo que hago, lo haré aun para sacarles las oportunidades que ellos desean, a fin de que en lo que se vanaglorian sean hallados semejantes a nosotros.

13. Porque éstos son falsos apóstoles, trabajadores del engaño, que se disfrazan como Apóstoles de Cristo.

14. Y no hay que maravillarse de ello, porque Satanás mismo se disfraza de Angel de Luz." [4]

El cristianismo creció rápido. San Pablo vio muy claro que el futuro era prometedor si él presentaba un mensaje más abierto, más incluyente entre los gentiles, de ahí el debate sobre la circunsisión. En su tercer viaje misionero, Pablo viajó por Galacia y Frigia, y luego fue a Efeso, Macedonia y Acaya. Después de un conflicto con un grupo de judíos asiáticos en Cesarea, Pablo fue encarcelado por un período de dos años. Como ciudadano romano exigió que lo mandaran a Roma para presentar su apelación al Emperador. En Roma predicó por otros dos años. Después de eso fue a Hispania, donde continuó con su labor. Finalmente, durante el reinado de Nerón, fue decapitado por sus actividades evangélicas.

Aslan examina cómo reaccionó San Pablo ante las enseñanzas de San Pedro en Roma:

"Es difícil saber cuán exitoso había sido Pedro en su tarea antes de que llegara Pablo. Pero según 'Hechos', los helenistas de Roma reaccionaron de una manera tan negativa a las prédicas de Pablo que éste decidió separarse de una vez por todas de sus correligionarios judíos." [5]

La suerte estaba echada. Ése fue el fin del trayecto judío de San Pablo y del cristianismo. San Pablo concentró sus prédicas en la comunidad gentil. Él era, y continúa siendo, el teólogo cristiano más influyente. No hay duda de que sus actividades e ideas cambiaron la dirección del cristianismo, alejándolo, mayormente, del judaísmo, del que renegó apasionadamente, en especial con respecto a la circuncisión: *"Cuidado con los perros, cuidado con los trabajadores del mal: cuidado con la circuncisión."* [6]

El cristianismo continuaría creciendo. San Pablo había hecho algo mucho más transcendental que apartarse del judaísmo y de crear una nueva religión. Había agregado una nueva espiritualidad a la única religión monoteísta primitiva del mundo y había encontrado una fórmula muy poderosa: un monoteísmo más espiritual.

Rubenstein tiene una perspectiva similar a la nuestra: *"Lo que la mayoría de los líderes paganos—aun los que podían ver tan lejos como Diocleciano—no podían entender era el hecho de que los cristianos no solo habían agregado otro dios al panteón. Habían redefinido la religión misma."* [7]

Pablo no puede ser más claro que en "Corintios": *"Él nos hizo competentes como ministros del Nuevo Testamento, no de la letra, sino del espíritu: 'porque la letra mata, pero el espíritu da vida'... ¿Cómo puede ser que el ministerio del espíritu no sea más glorioso?"* [8] Cuando habla sobre la letra, hace referencia a la *Torah* según la interpretaban los saduceos. La diferencia entre el Templo y el cristianismo.

Con la sabiduría que da la experiencia ahora es posible decir que el cristianismo era la religión perfecta para el Imperio Romano, que abarcaba básicamente la mayoría del mundo conocido. Siglos más tarde le ayudaría a Constantino a unir el Imperio política y religiosamente por un largo tiempo. Y aun más adelante, Teodosio lo declararía la religión oficial del Imperio Romano. El cristianismo había adquirido madurez.

A riesgo de sobresimplificar el asunto, intentemos resumir todo lo ocurrido: San Pablo, judío y fariseo, se convirtió a una secta carismática del judaísmo que era más espiritual que el Templo o ninguna otra secta que conozcamos. Pablo hizo que el cristianismo fuera aun más espiritual. Eso no debería ser una sorpresa. Era un helenista, un judío de la diáspora. Los filósofos griegos habían pasado bastante tiempo estudiando la idea del alma y él probablemente había entrado en contacto con ese concepto. El pensó en un alma inmortal individual y la adaptó al dogma de la nueva religión.

Desde una perspectiva cínica del asunto, es posible considerar que San Pablo haya usado la vida de Jesús de manera oportunista para implementar sus propias ideas sobre una religión menos pragmática, más espiritual. Osho cree que él no era completamente sincero con respecto a Jesús: *"En sus epístolas, San Pablo usa la frase 'en Cristo' ciento sesenta y cuatro veces. Debe haber tenido algunas dudas al respecto. 'En Cristo ... en Cristo ... en Cristo ...' ¡ciento sesenta y cuatro veces! Es demasiado. Una vez habría sido suficiente. Hasta una vez es más que suficiente. Uno tiene que demostrar que uno vive en Cristo—y entonces no hay necesidad de decirlo"*.[9]

Hombre viajado, educado, enseguida se dio cuenta que las restricciones étnicas y las prohibiciones del judaísmo serían una carga para su secta. Estaba en total oposición a los miembros del Consejo Apostólico de Jerusalén, quienes, repito, eran campesinos galileos analfabetos. Sus visiones eran extremadamente locales. Pablo se deshizo de la circuncision y de otros impedimentos y aceptó a los gentiles con los brazos abiertos. *"Ya no hay judío ni griego; no hay esclavo ni libre; no hay varón ni mujer; porque todos vosotros sois uno en Cristo Jesús."* [10]Es obvio que era muy convincente y exitoso en su proselitismo. Después de algunas reacciones negativas que tuvo al comienzo, y viendo que había ganado nuevos adeptos en todas partes adonde iba, el Consejo Cristiano de Jerusalén tuvo que aceptar sus ideas. La nueva secta retuvo al Dios de los judíos y la Biblia judía. La *Tanaj* tenía la autoridad de sus siglos de existencia. Ellos creían en Yahweh. Ésos eran los elementos religiosos que Pablo tenía a su alcance. Solo que para hacer que fueran más cristianos, tenía que hacerlos más universales. *"Porque no hay diferencia entre el judío y el griego : porque el mismo*

Señor de todos es rico para los que le invocan." [11]. En lugar de crear todo desde el principio, reinterpretó la *Tanaj*, especialmente el Libro del Génesis, de tal manera que coincidiera con su nuevo énfasis en la espiritualidad. Esa nueva espiritualidad, de alguna manera, necesitaba mantenerse separada del origen animal que se describía en la *Torah*. Adán y Eva fueron seres humanos sin antepasados. Pablo les negó el ombligo.

¿NECESITÁBAMOS UN DIOS HUMANO?

"El misterio más grande no es haber sido arrojados al azar entre la abundancia de la materia y de las estrellas, sino que desde esta prisión hayamos podido extraer de nosotros mismos imágenes tan poderosas como para negar nuestra extremísima pequeñez."

- **Andre Malraux**

Entre las muchas maneras que el cristianismo tiene de *"negar nuestra extremísima pequeñez"*, para hacer que los seres humanos sean más importantes y para proporcionar esperanzas de inmortalidad, parece haber elegido la menos lógica, la que era más difícil de explicar, de ahí todos los "misterios", todas las preguntas sin contestar. Podríamos haber sido *"primus inter pares"*, los mejores entre nuestros iguales. Tal vez no necesitábamos una deidad humana. Arrio tenía una respuesta bastante más racional. Sin embargo, sucedió lo que sucedió.

Pasaron siglos entre el Antiguo y el Nuevo Testamento. Como ya hemos visto, la Biblia judía, (o *Tanaj*, o *Mikra*) es una antología de tradiciones orales concebidas en tiempos prehistóricos y más tarde escritas. Por lo tanto, según se interprete, es un documento cuasi-histórico. Los escribas del Rey Ezequías aparentemente comenzaron a recopilarla en el siglo VIII AC (aunque hay varias teorías con respecto a la fecha). El Nuevo Testamento fue escrito en los siglos I y II DC y fue finalmente recopilado en el siglo IV DC, es decir, unos cuantos siglos más tarde. En los siglos intermedios, la humanidad había avanzado mucho. Los seres humanos habían construido grandes ciudades, como Roma, Atenas y Alejandría, habían diseñado y construido grandes edificios y monumentos, y realizado grandes hazañas ingenieriles como acueductos, puentes y caminos. Enormes barcos surcaban el Mediterráneo, el *Mare Nostrum* de los romanos. Roma tenía un dios viviente, el Emperador.

Los humanos eran seres magníficos. La divinidad entre los humanos era, desde ya, posible. En ese momento la posición del cristianismo debe haber girado a ciento ochenta grados de la posición de la *Torah*. La borrosa idea de un remoto antepasado humano/animal dio paso a la certeza de un humano/dios.

Dios podía vivir entre nosotros. Nuestro era el enorme y desconocido universo. Las estrellas brillaban chiquititas en la noche. Nuestro planeta era el centro del cosmos. Eso era tan claro que todo el mundo lo podía ver. Como hemos dicho, el geocentrismo no se cuestionaría sino hasta catorce siglos más tarde, cuando Copérnico propuso el concepto del heliocentrismo. Resultó que la Tierra era solo un pequeño planeta que tenía su órbita alrededor del Sol. Galileo Galilei lo probó algunos años más tarde. Pero hasta entonces los seres humanos, en su mente, eran por cierto el centro de la Creación.

Yo creo que la separación entre humanos y animales fue un paso definitivamente necesario hacia la deificación de Jesús. Si los humanos hubieran sido meros animales, habría sido más difícil justificar la existencia de un dios entre nosotros. Sin duda, todas las medidas que tomara San Pablo y la Iglesia para distanciar a Jesús de una concepción humana normal iban en esa dirección. Se suponía que debía estar por sobre el resto de la humanidad aunque siguiera siendo humano.

El cristianismo más temprano fue moviéndose hacia la deificación pero solo llego a esa etapa durante el Concilio de Nicea. Geza Vermes explica las creencias más importantes de los primeros cristianos:

"Si se lo compara con la vertiente principal del judaísmo, hay tres enseñanzas características que le aseguran una identidad reconocible al movimiento cristiano: el Reino de Dios; el Mesías crucificado, resurrecto y exaltado; y la Parousia o regreso de Cristo." [1]

No es cien por ciento seguro que San Pablo haya sido uno de los que introdujo el concepto de Jesús como ser supernatural, divino. Quizás haya dicho que Jesús adquirió el estado de "Hijo de Dios" después de su resurrección. Pero Pablo definitivamente apuntaba hacia la deificación. No obstante, durante el primer siglo DC, la noción de Jesús como Dios parece no haber estado totalmente asegurada. Eso se definiría en Nicea, siglos más adelante. Vermes cree que Pablo no tenía la intención de que se deificara a Jesús: *"En realidad, Pablo no imaginó que Jesús compartiría totalmente la naturaleza de la Deidad. Al compararlo con Dios Padre, la figura del 'Hijo' siempre ocupa un puesto inferior en el pensamiento paulino, aunque es muy superior a los humanos normales. La co-igualdad de las personas divinas es un concepto que aparecería siglos más tarde."* [2]

Muchos expertos bíblicos de hoy en día parecen creer que existe una relación directa entre las posiciones de Juan y de Pablo. Tal vez Juan avanzó un poco más en la dirección de la deificación. Su Evangelio es decididamente distinto de los de Mateo, Marcos y Lucas. Juan cree que Jesús era realmente Dios. En ese momento, mientras los otros evangelios, "sinópticos"*, llaman a Jesús "hijo de Dios", Juan lo llama simplemente Dios. La diferencia no se notaba mucho entonces.

Elaine Pagels propone que Juan siguió los pasos de Pablo: "*Sin embargo Juan, que escribió una década después que Lucas, empieza su evangelio con un poema que sugiere que Jesús no es para nada humano sino divino, la eterna Palabra de Dios en forma humana... El autor a quien llamamos Juan probablemente sabía que él no era el primero—y seguramente tampoco el último—cristiano en creer que Jesús era de alguna manera divino... Al contrario de lo que hace Lucas, que pinta a Jesús como un hombre elevado a un estado divino, Juan, como hace el himno que Pablo cita, lo pinta como un ser divino que descendió a la tierra—en forma temporaria—para tomar forma humana.*" [3]

Cínicamente, tiendo a ver a Pablo como el primer "creyente" en la divinidad de Jesús.

Pero lo que tengo muy claro en la mente es que el Obispo Ireneo de Lyon fue tan decisivo como Pablo o Juan en la deificación de Jesús. Él estaba de acuerdo con Juan en que Jesús era por cierto Dios. Y fue él el que decidió que el Evangelio de Juan se incluyera entre los cuatro que formarían la base del dogma de la Iglesia. Origen Adamantios, y los obispos Alejandro y Atanasio, todos ellos de Alejandría, tomarían el estandarte de la divinidad más adelante. La fuerza de su convicción, de su compromiso con dicha idea, dio forma a lo que hoy conocemos como cristianismo.

Y el cristianismo siguió la idea de Pablo con respecto al Libro del Génesis y adoptó la opinión de que los seres humanos siempre habían estado separados del resto de la Naturaleza. Los seres humanos eran creadores, algo muy similar a dioses. Las especies animales eran inmutables. Los seres humanos estaban separados y también eran inmutables. No solo eso: Dios estaba entre nosotros.

¿Fue un error? Si lo fue, lo que es impresionante es que un error de tal magnitud haya prevalecido por tanto tiempo. Lo que también es impresionante es que después que Darwin demostrara la evolución, y después de evidencia irrefutable, como los fósiles, y la cantidad de ADN que compartimos con los animales, todavía haya gente en el siglo XXI que se aferre a la idea de la Creación tal como Pablo la concibiera.

Lo que se entendió desde ese momento es que los seres humanos nunca habían sido animales. Y tanto fue así que los cristianos tuvieron una idea muy interesante: todos los seres humanos comparten el Pecado Original. Pero ese pecado no tenía nada que ver con nuestro origen animal. Según la Iglesia, tiene que ver con el pecado cometido por Adán y Eva (como dijéramos antes, los Padres de la Iglesia creyeron que era orgullo/desobediencia/concupiscencia (!)*). Eso es lo que interpretaron leyendo la Biblia. Sin embargo, ese pecado sería perdonado por el bautismo, o sea el momento en que nacemos dentro de nuestra sociedad espiritual. El castigo del Pecado Original es que morimos, pero nos salva la intervención de Jesucristo y del Espíritu Santo. Las consecuencias lógicas de ese dictado —que morimos pero nuestra alma se puede salvar (o condenar) por toda la eternidad— son los conceptos del alma inmortal y de la vida eterna en el cielo. Lo que significa que también se tenía que crear el infierno para los que no podían ir al cielo. Y, para algunos, el destino era el purgatorio.

En ese momento, las cosas se pusieron realmente complicadas y ya dejaron de tener demasiado sentido. De cualquier manera, la individualidad del alma, cuyas consecuencias apenas se podían advertir entonces, hicieron que nuestras acciones individuales fueran extremadamente importantes. Al contrario de [los otros] animales, nosotros podíamos tomar decisiones buenas o malas por las que había que rendir cuentas ante Dios. Teníamos libre albedrío. Podíamos elegir actuar bien o mal y tendríamos que enfrentar las consecuencias.

Elaine Pagels cuestiona la lógica en la interpretación del Libro del Génesis:

"Durante milenios, judíos y cristianos han intentado explicar el misterio del sufrimiento humano como juicio moral—el precio del pecado de Adán y Eva. La historia de la Creación, en el Génesis, al ocuparse de la cuestión de porqué sufrimos y porqué morimos afirma, de manera empíricamente absurda, que la muerte no constituye el fin natural de nuestras vidas sino que apareció en nuestra especie solo porque Adán y Eva tomaron una decisión equivocada." [4]

Desde mi punto de vista se equivoca cuando dice "judíos y...". Creo que los autores de la *Torah* escribieron algo totalmente distinto de lo que los cristianos creen hoy en día. Los conceptos de muerte y pecado terrenos y vida eterna fueron definitivamente introducidos por el cristianismo. Si algunos de esos conceptos han pasado a sectas del judaísmo rabínico es por influencia cristiana, sin la menor duda.

Un poco como decía Goebbels, la interpretación errónea del texto se había repetido tantas veces que, aunque absurda, sonaba verdadera. Sin embargo, es una interpretación presentada en el Nuevo Testamento.

Según dijéramos, San Agustín de Hipona equiparaba la noción de Pecado Original con la concupiscencia. Algunos teólogos judíos parecen haber estado de acuerdo con eso, tal como lo hicieran Martín Lutero y Juan Calvino. Los deseos sexuales son parte de nuestra naturaleza animal, pero ¿dónde menciona la *Torah* el sexo o la concupiscencia en su versión del Paraíso Terrenal?

Los seres humanos habían descubierto el concepto de "espíritu" o "alma". De nuevo, como dijéramos antes, cuando la palabra "espíritu" aparece en la Biblia hebrea, se refiere a hálito de vida, el espíritu de Yahweh. En los textos cristianos normalmente significa el alma inmortal individual. Sin embargo, el concepto de un alma inmortal también aparece posteriormente en el judaísmo (¿los fariseos/ rabinos otra vez?).

Algunos críticos de la Biblia encuentran que el Nuevo Testamento, en cuanto a lógica, es más aceptable que el Antiguo Testamento. Me resulta difícil de creer. El Profesor Dawkins es uno de ellos: *"Bueno, no se puede negar que, desde un punto de vista moral, Jesús es una enorme mejora con respecto al cruel ogro del Antiguo Testamento. Desde ya, Jesús, si existió (o quien sea haya escrito el guión si no existió) fue uno de los grandes innovadores éticos de la historia."* [5]

Aun desde una perspectiva cínica, Dawkins continúa sacando a Yahweh fuera de contexto. Tampoco está seguro de la existencia de Jesús. De la manera que yo lo veo, un dios que creó el universo —aun si era el inefable aunque exclusivo El, más adelante Yahweh, de los hebreos— es mucho más creíble que un dios que es un hombre "divino", sin que importe cuán extraordinario ese hombre era.

También, sin entrar en el tema de la divinidad de Jesús, ya hemos visto la manera en que el cristianismo se convirtió en una nueva religión, separada del judaísmo. ¿Podría Jesús haber imaginado algo como el Nuevo Testamento? ¿Intentaba él establecer una nueva religión? Sabemos que no fue totalmente así. Vermes tiene una respuesta muy clara basada en las muchas referencias escatológicas de los apóstoles: *"Resumiendo, la religión de Jesús era la religión de Moisés y de los profetas bíblicos, pero una religión adaptada a los requisitos de la época final en que él y su generación creían encontrarse."* [6]

Jesús parece haber agregado una espiritualidad que nadie hasta entonces había imaginado, con la posible excepción de San Juan Bautista. Tenemos que recordar que Jesús fue a Judea, a las orillas del Río Jordán a que él lo bautizara. Pero Vermes es todavía más especifico cuando dice: *"La religión que Jesús proclamaba era una totalmente teocéntrica en la que él jugaba un papel de hombre de Dios por excelencia, el profeta de profetas, el pastor del rebaño, el líder, revelador y maestro sin ser él mismo, en ningún sentido, objeto de adoración como se transformara en el cristianismo creado por Pablo y Juan, y especialmente a partir del segundo siglo."* [7]

EL ARRIANISMO, EL CONCILIO DE NICEA Y LA DEIFICACIÓN DE JESÚS

*E*n el cuarto siglo DC, la mayor preocupación que tenían los Padres de la Iglesia era decidir si Jesús era Dios o si no lo era. Y si, en su calidad de Dios, era igual al Padre. Ésa era una decisión que había que tomar. No había sido revelada. Tenían que interpretar el Nuevo Testamento y decidir. Richard Rubenstein resume el dilema:

"¿Cómo podía uno ser cristiano y no creer que Cristo era Dios encarnado? Los arrianos tenían una respuesta. Para ellos, Jesús era una persona de logros morales tan sublimes que Dios lo había adoptado como Su Hijo, lo había sacrificado para redimir a la humanidad de sus pecados, lo había resucitado de entre los muertos y le había otorgado la condición divina. Por su excelencia, él se transformó en modelo de comportamiento correcto para nosotros. Y gracias a su mérito se ganó el premio de la inmortalidad, el mismo premio que se puso a disposición de los otros seres humanos, siempre y cuando lo usen a él como modelo." [1]

Según Arrio, aunque Jesús no fuera totalmente divino, él nos había dado esperanza a todos. Un Jesús subordinado era una manera lógica de mantener el monoteísmo y mantener a Dios como el ser invisible que había hablado con Moisés. Jesucristo, por otro lado —el Ungido— era de una divinidad menor pero seguía siendo el modelo para los seres humanos. Todos podíamos aspirar a la perfección por medio de la emulación.

Arrio era un presbítero que vivía en Alejandría en los siglos III y IV DC. No se conoce mucho de él personalmente, excepto que era alto y delgado, con una larga barba gris, y que era el típico santón de la época. Tres siglos antes, Pablo había decidido un corte radical con el judaísmo. Arrio proponía una transición más tenue.

Arrio creía que había habido un momento en que solo el Padre había existido, una época antes de la época en que Jesús fuera creado de la nada, *ex nihilo*. Comparados con el Dios cristiano, por ejemplo, los dioses de los panteones griego y romano no eran eternos, eran solo inmortales, por lo tanto no eran dioses verdaderos. El Dios de los judíos y cristianos, Yahweh, era eterno. Era el que había creado el universo de la nada.

Según Arrio, el hecho de que Jesús hubiera sido creado de la nada era un obstáculo de importancia en términos de su divinidad. Jesús era parte de la creación. No siendo eterno, Jesús no podía ser totalmente divino. Arrio veía la Trinidad como una tergiversación del monoteísmo. Lo que él creía era que Dios Padre era el principal ser divino y que Jesús era algo parecido a un semidiós, un dios menor. Arrio aceptaba que tanto el Padre como el Hijo eran divinos, pero cada uno de ellos de forma diferente. Lamentablemente, la mayoría de sus enseñanzas fueron destruidas, así que no han quedado muchos datos, aparte de algunos relatos referentes a los debates del Concilio de Nicea.

Para el momento en que Arrio comenzó a predicar sus ideas, que luego pasarían a ser la herejía arriana, la naturaleza de la esencia del Hijo había sido seriamente debatida durante muchas décadas. Obviamente, la divinidad de Jesús—que se podía atisbar con Pablo y que Juan adoptó de todo corazón, en su versión completa— presentaba serios problemas que debían ser resueltos antes de tomar una decisión sobre la teología de la nueva Iglesia.

Hoy en día, cuando hacemos referencia a una discusión que incluye temas complicados, difíciles, intricados, solemos decir que la discusión es "bizantina". Los concilios de la Iglesia debieron superar increíbles obstáculos para explicar la relación entre los miembros de la Deidad. Finalmente, siglos después, la Iglesia Ortodoxa Oriental se separó de la Iglesia Católica Apostólica Romana sobre un desacuerdo con respecto al término "filioque" (a través del hijo). La cuestión en ese momento era saber si el Espíritu Santo era divino a través del Hijo o por mérito propio.

No había manera de explicar cómo Jesús podía ser Dios el Creador si no había sido eterno. Sabemos que murió. Su cuerpo murió como el de cualquier otro ser humano. Pero entonces, según la Iglesia, resucitó (porque, siendo Dios, no podía morir del todo).

CONSTANTINO Y EL CONCILIO DE NICEA

En una de las esquinas de la Basílica de San Marcos, en Venecia, hay un hermoso monumento de estilo bizantino. Cuatro hombres que llevan coronas se abrazan. Son los Tetrarcas, y el monumento simboliza su unidad. Durante un breve período en la historia del Imperio Romano, hubo cuatro monarcas (dos Augustos y dos Césares).

Instituída por Diocleciano en 297DC, la Tetrarquía duró hasta 313DC, cuando solo Constantino y Licinio quedaron como co-emperadores del Occidente y el Oriente respectivamente. Esa situación no podía durar mucho tampoco. Inevitablemente uno de ellos reclamaría el otro lado y uniría el Oriente y el Occidente en un todopoderoso Imperio Romano. Ese Emperador fue Constantino el Grande, y la unificación ocurrió en 324DC.

Hacía ya tiempo que el Imperio se estaba desintegrando. Constantino tomó dos medidas importantes para detener esa desintegración. La primera fue convertirse al cristianismo, ya que el número de los fieles había crecido geométricamente en ambos lados del Imperio. Después de la batalla de Ponte Milvio, y siguiendo los consejos de su amigo y mentor, el Obispo Osio de Córdoba, Constantino se hizo cristiano. Habiendo ganado la batalla, dijo que había visto una cruz en el cielo y había oído las palabras "Toutoi nika/ In hoc signo vincis" ("Con este símbolo vencerás"), pero hay otras versiones, incluso que tenía las iniciales de la palabra *Christos* grabadas en los escudos de sus soldados. La segunda medida fue mudar la capital desde Roma a la ciudad que había fundado: Constantinopla. El Imperio necesitaba comenzar de nuevo.

Aun antes de convertirse en Emperador único, Constantino había negociado el fin de la persecución de los cristianos. Más adelante, Teodosio declararía que el cristianismo se había convertido en la religión oficial del Imperio Romano.

Como dijéramos, el crecimiento de la Iglesia había sido asombroso, y los obispos del Oriente querían reunirse para hablar sobre varios asuntos que se estaban poniendo escabrosos. Uno de ellos, por supuesto, era el arrianismo. El Obispo Alejandro de Alejandría y otros obispos nicenos le pidieron a Constantino que convocara el Concilio.

Constantino envió a su mentor religioso, Osio, a Alejandría. Ya en la ciudad, Osio convenció a los obispos orientales que firmaran un pronunciamiento anti-arriano. También excomulgó a tres obispos arrianos, incluso Eusebio de Nicomedia, que era el líder más importante entre los eclesiásticos arrianos. La sede del arzobispado de Eusebio era la capital de Constantino, y Eusebio estaba en muy buenos términos con Constantino mismo, así que su excomunión fue una decisión arriesgada por parte de Osio.

De cualquier manera, Constantino le pidió a Osio que presidiera sobre el Gran Concilio de Obispos, que tendría lugar en Nicea. Constantino decidió convocarlo en Nicea después de haber considerado otros lugares muy cuidadosamente. Nicea era un lugar ventajoso para los obispos anti-arrianos. El Emperador tenía un palacio allí y sería el anfitrión principal del evento.

Constantino había sido un defensor incansable del cristianismo, especialmente durante las crueles persecuciones que los cristianos habían sufrido, así que los obispos deben haberse sentido bienvenidos en Nicea. Pero justamente por eso él se hallaba en posición de influenciar el resultado del Concilio. Según Rubenstein:

"Acordó con Osio que había que terminar la disputa en términos favorables a Alejandro y los anti-arrianos." [1]

Los obispos estuvieron en sesión y debatieron durante varias semanas, entre otras cosas con respecto al término *homoousios*, que significa algo así como "de la misma substancia". La idea era decidir si Jesús era de la misma substancia que Dios Padre (o no).

El oponente principal del arrianismo, Atanasio de Alejandría, discípulo del obispo Alejandro de Alejandría, no podía aceptar una versión aguada de la divinidad de Cristo. Jesucristo era Dios. Cualquier otra cosa era una herejía. La teología judía no tenía la menor importancia; el judaísmo era ofensivo y anti-cristiano.

La versión de los obispos nicenos era que San Pablo mismo se había pronunciado a favor de la divinidad de Jesús y se había opuesto estrictamente a seguir los principios de la *Torah*, porque Jesús mismo no lo había hecho: *"Ya que Cristo es el final de la Ley de la virtud para todos los que crean"* [2] (La *"Ley"* aquí significa la Torah). Un Dios poderoso significaría una Iglesia poderosa y un Imperio poderoso. Constantino, por supuesto, creía que ese concepto era muy atractivo. Estaba mayormente interesado en un Imperio Romano unido y poderoso.

En el Concilio, los obispos trinitarios atacaron las ideas de Arrio de forma apasionada.

Rubenstein resume las preguntas que surgieron de las enseñanzas de Arrio:

"Todos los cristianos creían que el sacrificio de Jesús había redimido a la humanidad. Lo que Dios había hecho por el Hijo resucitándolo y otorgándole inmortalidad Él lo podía hacer por nosotros también, siempre que nos transformáramos en nuevas personas en Cristo. Pero si Jesús no era Dios por naturaleza – si había ganado su deificación al haber crecido en sabiduría y virtud – entonces, todos podíamos hacerlo. La Buena Nueva de los Evangelios es que nosotros también somos posibles Hijos e Hijas de Dios. ¿Cómo es Cristo esencialmente diferente o superior a nosotros? Y si no lo es, ¿qué significa llamarnos cristianos?" [3]

Ésa era la posición de los obispos anti-arrianos.

El Emperador Constantino había ordenado que el Concilio decidiera sobre el credo de la Iglesia. Aunque se suponía que los obispos eran razonables y considerados el uno con el otro, el Concilio estuvo lejos de ser un ejemplo cortesía o de debate racional.

Aslan describe las deliberaciones principales del Concilio:

"Los obispos no se podían separar hasta no haber resuelto las diferencias teológicas que tenían, especialmente las que tenían que ver con la naturaleza de Jesús y su relación con Dios. Durante siglos,

después de la crucifixión de Jesús, había habido mucha discordia y debate entre los líderes de la Iglesia sobre la naturaleza humana o divina de Jesús. ¿Era, como decían los que estaban con Atanasio de Alejandría, Dios encarnado, o era, según los seguidores de Arrio parecían sugerir, solo un hombre—un hombre perfecto, tal vez, pero nada más que un hombre?" [4]

Arrio de Alejandría, tal como hemos visto, creía que Cristo no era de la misma esencia que Dios Padre y que no había sido eterno. La mayoría de los obispos estaban de acuerdo con él. Rubenstein dice que el Concilio fue *"... el último punto en que cristianos con ideas muy opuestas actuaron con buenos modales el uno con el otro "*. Muchos no están de acuerdo. Hay una versión de los eventos, probablemente apócrifa, que dice que el Obispo Nicolás de Mira (sí, San Nicolás, alias Santa Claus) le dio un puñetazo o una bofetada a Arrio y lo echó del Concilio. Arrio ni siquiera participaba en las deliberaciones, ya que no era obispo. Finalmente fue excomulgado. Algunos años más tarde, en un Concilio en Constantinopla en el año 336, murió en extrañas circunstancias, probablemente envenenado.

Después de varias enmiendas, el documento reflejó la visión anti-arriana del Emperador y de Osio. Por lo tanto, el Concilio de Nicea tomó ciertas decisiones primarias en 325 DC que serían muy difíciles de explicar en cuanto a otros elementos de la doctrina cristiana. ¿Adiós monoteísmo? El resultado es la Santa Trinidad como la conocemos. Un misterio, y por cierto uno muy interesante.

Jesús podía haber sido un profeta más. Sin embargo, se decidió que Jesús era el Hijo de Dios. Podía haberlo sido. Los seres humanos estaban tan cerca de ser dioses. Los seres humanos estaban por sobre el resto de la Creación. Con Pablo, el cristianismo estaba en proceso de hacerse antropocéntrico.

Después del Concilio de Nicea, el cristianismo lo fue totalmente. ¿Resultó la idea de una mala interpretación? ¿Se tergiversó la *Torah*? Quizás. Jesús no fue el único en referirse a Dios como su Padre. Geza Vermes lo explica claramente:

"Brevemente, se puede concluir con certeza que hablar de Dios como Padre era algo tradicional en círculos judíos; no era, como han expresado repetidamente intérpretes mal informados o parciales del Nuevo Testamento, una innovación introducida y practicada por Jesús, y transmitida solo en el círculo de sus seguidores." [5]

Hay muchos relatos, diferentes y contrastantes de lo que Jesús dijo o hizo y de lo que sucedió durante su vida. La Iglesia comenzó a suprimir, casi inmediatamente, lo que no era aceptable como dogma, lo que se describió como "herejías". Una vez que se toma una decisión, el proceso, por supuesto, limita el relato de los acontecimientos que siguen. Según ya hemos dicho, Pablo dio su versión.

Si no puedes con ellos, úneteles. Constantino se hizo cristiano y, al hacerlo, prolongó la vida del Imperio Romano. En realidad consiguió mil años más de dominio romano del mundo. El cristianismo había dejado de ser un concepto para convertise en el mundo conocido.

EL INDIVIDUALISMO Y LA IGLESIA

EL CAMBIO DESDE DENTRO

Según dijéramos, el individuo fue importante para los cristianos desde el principio, cuando se les dijo que sus almas individuales irían al cielo, con Dios. El concepto del contacto directo del individuo con la Divinidad aparece muchísimas veces después de eso, y no solo viene de frailes rebeldes, como algunos protestantes quieren creer.

Joaquín de Fiore predijo ese tipo de contacto directo siglos antes que Lutero. Joaquín era un predicador y teólogo calabrés del siglo XII que había ido a Tierra Santa. Finalmente decidió hacerse monje.

Extremadamente popular y con muy buenos contactos, fue consejero de Margarita de Navarra, fundó una abadía; estaba en muy buenos términos con el Papa y con varios reyes y reinas. Tenía una teoría, de las tres Edades, la última de las cuales sería la Edad del Espíritu Santo. En esa Edad, los individuos tendrían contacto directo con el Espíritu Santo. Profetizó que el reino del Espíritu Santo significaría el fin de la religión organizada. En ese momento, decía, cualquiera que esparciera el mensaje cristiano sería equivalente a Jesús. La Iglesia desaparecería totalmente. Predijo que en la Edad del Espíritu Santo terminarían las prohibiciones y habría una total libertad. La caridad ocuparía el lugar de la disciplina. Fin de la religión organizada.

La Iglesia Católica había tenido varias crisis antes de la Reforma y, como dijéramos, hubo curas y monjes rebeldes antes de Martín Lutero. Desde la segunda mitad siglo XIV hasta la primera mitad del siglo XV, el papado había tenido que lidiar con el Cisma de Occidente, entre otras crisis. Durante los años del Cisma la Iglesia tuvo tres papas. La diferencia con otras grandes dificultades es que el Gran Cisma fue mayormente político y ocasionado por ambiciones personales. En esos años, la corrupción y la inmoralidad se habían hecho endémicas en la Iglesia. Había habido signos de disconformidad antes de Lutero, pero la Iglesia los suprimió con puño de hierro. La aparición de la Reforma fue algo inevitable.

GIROLAMO SAVONAROLA HABÍA INGRESADO en la orden de los frailes dominicos en su ciudad natal de Ferrara, en el Norte de Italia, en 1475. Monje astuto, ascendió rápidamente a importantes puestos dentro de la orden hasta que, en 1489, Lorenzo de Medici, aconsejado por su amigo Pico della Mirandola —autor de la *Oración sobre la dignidad del Hombre*, el Manifesto del Renacimiento—le pidió que fuera a Florencia.

Savonarola, un ardiente predicador escatológico, comenzó sus sermones en 1490 y se concentró en tres profecías: que la Iglesia sufriría una renovación de mayor importancia —una denuncia contra el clero, ya que éste se había apartado del verdadero culto—; que Italia sufriría un mal terrible; y que esos acontecimientos ocurrirían muy pronto.

La idea de los sermones de Savonarola era de establecer una nueva república 'teocrática' en Florencia desafiando al gobierno de la familia Medici y al papado de Alejandro VI.

Después de la muerte de Lorenzo el Magnífico, Piero de Medici aceptó un acuerdo humillante con Carlos VIII de Francia, que resultó en la expulsión de la familia de Medici de la ciudad a fines de 1494. Mientras Florencia se hallaba bajo la ocupación francesa, Savonarola aprovechó la oportunidad de apropiarse del poder y más adelante negociar otro tratado con Francia. Lo que siguió fue un régimen estrictamente puritano y moralista que condenaba la autocomplacencia y el sexo, y que fue increíblemente estricto ante la inmoralidad, de cualquier tipo que fuera. En 1497, los ciudadanos de Florencia quemaron todo lo que los pudiera inducir a la tentación y al pecado haciendo "hogueras de las vanidades". Mientras tanto, Savonarola continuó reclamando cambios en la Iglesia. El Papa Alejandro VI intentó reprimirlo varias veces, sin éxito, incluso consagrándolo como cardenal. El monje rebelde rechazó todas las aperturas de la Iglesia y continuó predicando en forma desafiante en contra de ella—algo muy parecido a lo que hizo Lutero algunas décadas más tarde. Para ese entonces, Carlos VIII de Francia había firmado un tratado con el monarca español que dejaba a Florencia sin ninguna protección internacional.

En 1497 el Papa Alejandro excomulgó al predicador. Lo acusó de herejía y de intentar introducir un nuevo dogma, y lo describió como falso profeta. El resultado fue que el 23 de mayo de 1498 Girolamo Savonarola y dos de sus seguidores más cercanos were fueron ahorcados y quemados en la hoguera. Después tiraron sus cenizas al Río Arno.

El mayor error de Savonarola no fue teológico—su idea de pedir un cambio en la Iglesia era mayormente para hacer desaparecer la corrupción—ni fue el hecho de haber rechazado sistemáticamente las propuestas del Papa: lo que le pasó fue que no tuvo la protección de un príncipe. No se puso a la cabeza de una iglesia alternativa. Habiendo perdido contra el poder del Papa, pasó a ser un pequeño hito en la historia de la Iglesia. Se lo recuerda mayormente por una inscripción que marca el lugar de su ejecución en la Piazza della Signoria, en Florencia.

Algunos años más tarde, Martín Lutero, otro monje astuto con ideas similares sobre la corrupción en Roma—también resultado de ideas renacentistas y quizás algunas anteriores al Renacimiento—tuvo un destino totalmente distinto. Tuvo la fortuna de vivir lejos de Roma y de haber aprendido, a partir de la experiencia de Savonarola, que necesitaba tener la protección de un personaje como el Elector Federico el Sabio, que lo salvaría de la ira de la Iglesia de Roma.

MARTÍN LUTERO Y EL INDIVIDUO

*E*n 1517, Martín Lutero, un monje agustino, envió un escrito al Arzobispo de Mainz, y —se dice—también clavó noventa y cinco tesis sobre las puertas de la iglesia de Wittenberg, donde vivía. Las tesis negaban la aserción de que las indulgencias podían comprarse con dinero. Más tarde, en 1521, rechazó la propuesta de retractarse de todos sus escritos como lo pedían el Papa León X y Carlos V en la Dieta de Worms. Finalmente, el Papa excomulgó a Lutero, y Carlos V, el Emperador del Sacro Imperio Romano, lo declaró prófugo de la justicia.

Lutero también decía que la salvación individual no tenía nada que ver con las buenas acciones, pero que solo se recibía por la gracia de Dios, a través de Jesucristo. Desafió la autoridad papal y enseñó que la Biblia era la única manera de recibir el conocimiento revelado por Dios. El individuo tenía una línea directa con Dios.

Originalmente, lo único que Lutero tenía en mente, de manera muy parecida a lo que pasó con Savonarola, era terminar con la corrupción que pudría el seno de la Iglesia. El Papa León, sin embargo, no estaba de humor para oír a un monje rebelde.

De acuerdo a un artículo de Bernard Keane, Editor de Crikey Politics, de octubre de 2017: *"Las preocupaciones inmediatas de las 95 tesis de Lutero —y su vínculo con una de las divergencias doctrinarias clave de Lutero con la Iglesia Católica, la justificación (o salvación) solo por la fe—son menos importantes que la idea central que surgió del protestantismo, una que ha cambiado fundamentalmente al Occidente desde ese momento: el individualismo."*

Eric Metaxas, autor de *Martín Lutero: El hombre que redescubrió a Dios y cambió el mundo* (*Martín Luther: The man who rediscovered God and changed the world*), está totalmente de acuerdo con esa idea: en un artículo del 30 de octubre de 2017, dice: *"Por ejemplo, la idea del individuo, moderna por excelencia —y la de la responsabilidad personal ante uno mismo y ante Dios más que ante ninguna institución, ya sea la Iglesia o el Estado—era algo impensable antes de Lutero tal como sería el color en un mundo en blanco y negro; y la idea similarmente moderna de 'la gente,' junto con el impulso democrático que surge de ella, fue creada —o por lo menos expresada—también por Lutero."* El consenso general parece ser que el individuo empezó con Lutero. Me parece algo increíble.

El individualismo, ese concepto totalmente occidental, quizás haya sido reenfatizado por la Reforma, pero no habría prosperado en una religión como el Islam, por ejemplo. El individualismo era un concepto griego del que se apropió San Pablo y que introdujo en su interpretación del Libro del Génesis. El cristianismo siempre fue, siempre ha sido y se mantiene, una religión casi solipsista en todas sus formas. Después de todo, el fin principal del cristiano es de salvar su alma. Si puede salvar otras almas, tanto mejor.

POSIBLES CAMBIOS EN EL CRISTIANISMO

El Papa Francisco recientemente dijo que había necesidad de una mayor caridad hacia los católicos divorciados y casados nuevamente. Propuso una "teología más profunda" en términos de aceptación de las mujeres en la Iglesia Católica. Cuestionó: "¿Quién soy yo para juzgar [a los gay y a los curas gay]?". Pero no hay aceptación abierta. La Iglesia, una institución altamente conservadora, resiste el cambio de manera extremadamente obstinada. Algunos dicen que, de cualquier manera, la Iglesia continúa siendo un anacronismo. Por cierto. Los cambios se aceptan muy lentamente. Pero lo que el Papa dijo da una idea de que el cristianismo dogmático está reaccionando ante la percepción que la sociedad occidental tiene de él. Quizás sea demasiado poco y demasiado tarde. De cualquier modo, como dijéramos, los valores morales permanecen más fuertes en la sociedad laica que en cualquiera de las iglesias cristianas.

Cupitt propone: *"La Iglesia se aferra a sus viejas ineficacias, discriminaciones e injusticias, y exige repetidamente que la legisla-*

ción le otorgue salidas, lo que requeriría que mejore su tratamiento de sus propios empleados, mujeres, gays y otros grupos, llevándolo a niveles contemporáneos decentes. Pero dándole largas al asunto, la Iglesia demuestra que, en estos días, su versión de cristianismo es obsoleta. Deberíamos abandonarla y, en su lugar, comprometernos con total seriedad religiosa a lo mejor de nuestra vida cultural secular contemporánea. Encontraríamos el aire mucho más saludable – y más cristiano." [1]

La globalización afecta las economías nacionales y el comercio internacional. De la misma manera, la sobrepoblación y las migraciones masivas afectan a especies animales y al ambiente, y resultan en fricciones entre culturas y prácticas religiosas. Las culturas del mundo (y sus religiones) están tomando posiciones. Vienen más cambios. No cabe duda de que la globalización trae cambios a las instituciones y a los valores.

Con una perspectiva más amplia es posible ver el denominador común entre varios fenómenos. ¿Por qué hay migraciones masivas a Europa Occidental, los Estados Unidos, Canadá, Australia, es decir, los países más avanzados? Porque hay muchos seres humanos en este planeta, y porque es posible. La gente emigra porque tiene la información y la tecnología para hacerlo. Las masas humanas son como el agua. Buscan su nivel. No se puede tener una economía rica al lado de una pobre sin que la gente se vaya de un país al otro. Así de simple.

Muchas instituciones se ven afectadas. El estado soberano es una de ellas. Pero también se ven afectadas la etnia, la sexualidad, el matrimonio, la cultura, el arte, el idioma, la religión, y la santidad de la vida humana. Todo eso está cambiando. Esas instituciones están cambiando de acuerdo a las necesidades de la humanidad. Los cambios no se pueden detener y continuarán a su propio ritmo. El cristianismo secular está absorbiendo todos esos cambios. Que el cristianismo dogmático esté dispuesto alcanzar al cristianismo secular es algo totalmente distinto. Está por verse.

CIENTIFICISMO

"Hay cosas de las que no se puede hablar. Con respecto a ellas debemos permanecer en silencio."

– **Ludwig Wittgenstein** *(Tractatus-Logico-Philosophicus)*

Hay una clara diferencia entre la ciencia y el cientificismo. La ciencia se ocupa de obtener conocimiento exacto y razonado de ciertos objetos o hechos del universo. El cientificismo se caracteriza por su fe ciega en la ciencia y por sus intentos de explicar la inexistencia de Dios a través de la ciencia. Hasta ahora no ha tenido éxito.

Muchos científicos—parecería—encuentran que es difícil aceptar el concepto de la religión. ¿Por qué existe la religión si somos seres racionales? Bueno, hay que entender que el comportamiento humano, como el idioma, no es siempre racional. El comportamiento humano, como el idioma, no puede ser reducido a fórmulas. La religión representa la expresión de una necesidad humana.

Raymond, el genio autista de la película *Rain Man* puede calcular qué naipes quedan en una pila de varios mazos. Sin embargo, no puede entender el humor de Abbott y Costello en su rutina "¿Quién está en la primera...?". La sabe de memoria, pero no la puede entender. Quizás éste sea un ejemplo extremo, pero tener una mente extraordinaria no siempre significa poder entender el comportamiento humano, ni el humor, digamos.

Vattimo dice que la ciencia ni siquiera considera los fenómenos más importantes para los seres humanos: *"Ya no podemos decir que como la ciencia no sabe nada de Dios, Dios no existe. La ciencia ni siquiera puede establecer si decir que estoy enamorado significa algo. Todas las cosas esenciales que caracterizan nuestras vidas, como los sentimientos, valores, la esperanza, no son objeto de la ciencia"* [1]

Los límites de la ciencia como sistema de conocimiento son bien obvios. En la ciencia, la verdad tiene que ser objetiva y absoluta. En general, para los científicos, las cosas son binarias. Verdaderas o no verdaderas. Lo que los científicos encuentran difícil de entender es que los hechos son solo un lado del cuadro. Hasta hace poco, solo los artistas, y a veces los filósofos, podían imaginar que algo podía existir y no existir al mismo tiempo. En ese momento un genio introdujo la relatividad. Hoy en día, los físicos cuánticos aceptan que hay más de una verdad. La objetividad puede ser no-objetividad.

En general, la ciencia y la filosofía occidentales han rechazado la inclusividad del observador. Para poder imaginar la realidad objetiva, la conciencia humana debe considerarse como separada del universo. El Occidente rechazó a Heráclito y a la filosofía oriental. Eligió adoptar el concepto de una realidad externa mensurable. Según el entendimiento occidental, somos observadores del universo. Si lo miramos con un cierto razonamiento crítico, nuestra cultura buscó el conocimiento mientras que en el Oriente parecen haber buscado la sabiduría. Para qué decir que los científicos de hoy en día (todos o casi todos) quizás estén en duda con respecto a la realidad objetiva.

Erich Fromm resume los conceptos que subyacen el pensamiento europeo:

"Desde Aristóteles, el mundo occidental ha seguido los principios lógicos de la filosofía aristotélica. Esa lógica se basa en la ley de la identidad, que establece que A es A, la ley de contradicción (A no es no-A) y la ley de la exclusión del medio (A no puede ser A y no-A, ni A ni no-A)." [2]

Aunque no tengo más que elogio y alabanzas para los científicos y para su papel en el avance de la humanidad, me parece que el cientificismo ha distorsionado la idea de lo que es la función real de la ciencia y de cómo se debe valorar la opinión de los científicos. Richard Dawkins describe al Dios de Voltaire y de Thomas Paine—el Dios de los deístas—como una fuerza científica de importancia:

" ...El dios deísta es el físico que termina con el campo de la física, el alfa y el omega de los matemáticos, la apoteosis de los diseñadores; el híper-ingeniero que estableció las leyes y constantes del universo, que las afinó con una precisión y preciencia exquisitas, detonó lo que ahora llamamos el big bang caliente, se retiró y nunca más se supo de él ." [3]

Dawkins acepta un Dios, en cierto modo, y ése es el Dios de los físicos. Tiene una jerarquía en la mente en la que los físicos entienden el concepto de Dios mejor que los otros seres humanos: Ejemplo: "*El metafórico o panteísta <u>Dios de los físicos se halla a años luz de distancia</u> del Dios de la Biblia, que es intervencionista, hace milagros, lee el pensamiento, castiga los pecados, y contesta a las plegarias; ése es el Dios de los curas, los mullahs y los rabinos, y del idioma normal. Mezclar a los dos deliberadamente es, en mi opinión, un acto de alta traición intelectual.*" [4] El único problema que hay con eso es que toda posible noción actual de un Dios que tenemos en el Occidente ha evolucionado a partir de Yahweh, la deidad que heredamos del antiguo judaísmo. De acuerdo, el Dios de Voltaire no es un dios personal como Yahweh y no está interesado en nuestros pecados. Pero no hay alta traición intelectual. Intentar extirpar quirúrgicamente el pasado de la tradición monoteísta occidental es como decir que el cielorraso de la Capilla Sixtina, por ejemplo, no debería existir porque fue pintado en el siglo XVI.

Quizás debamos imaginar al Dios de los deístas como el creador del universo. Nada más. No está interesado en los seres humanos. Los seres humanos no le tienen que rezar. Los seres humanos no tienen que pedirle favores. Es difícil que a uno no le guste el Dios de los deístas. Aún después del Higgs Boson, siempre existe la duda—habría dicho Hobbes—con respecto a quién fue el que creó algo.

Bertrand Russell explicó en un determinado momento con respecto a los orígenes, que él podía elegir entre el mundo y Dios. Y el eligió el mundo. Por supuesto, eso fue un asunto de opinión personal.

Alain de Botton, otro filósofo, desea explicar la futilidad del proselitismo desde el punto de vista de un ateo: "*Intentar probar la inexistencia de Dios puede ser una actividad entretenida para los ateos. Los críticos más duros de la religión se solazan al mostrar la idiotez de ciertos creyentes en implacable detalle, y terminan solo cuando creen haber mostrado a sus enemigos como completos idiotas o fanáticos.*

Aunque ese ejercicio tiene sus satisfacciones, la verdadera cuestión no es decidir si Dios existe o no, si no adónde ir con la discusión una vez que se ha demostrado que evidentemente no existe." [5]

Los científicos resuelven sus problemas siguiendo reglas específicas. Los filósofos se ocupan de las cuestiones más importantes de una manera totalmente distinta. Søren Kierkegaard explicaba que la naturaleza contradictoria de la coexistencia del universo y la mente humana ocasiona el absurdo.

Intentar explicar el universo de forma racional es absurdo, aun si la ciencia sigue intentándolo. La religión le parece absurda al científico porque proporciona una explicación de la existencia del universo. El problema es que la explicación religiosa no es una explicación racional, porque eso sería absurdo.

Wittgenstein, que aparte de filósofo también era matemático e ingeniero, pensaba de forma parecida. Como lo hacía Fromm, si entendemos la manera en que explicó el monoteísmo:

"Si se sigue la idea del monoteísmo hasta sus últimas consecuencias solo se puede llegar a una única conclusión: no mencionar el nombre de Dios de ninguna manera, no hablar sobre Dios. Entonces Dios se transforma en lo que potencialmente es en la teología monoteísta, el Sin Nombre, un tartamudeo inexpresable, que hace referencia a la unidad que yace bajo el universo fenomenal, la base de toda existencia; Dios se hace verdad, amor, justicia. Dios es yo, en cuanto yo soy humano." [6]

De nuevo, gente como Fromm, Wright y Cupitt proponen un Dios que, sin ser antropocéntrico, se expresa en la humanidad. Un Dios del cual no podemos hablar. En cierto modo, Él ha evolucionado de manera increíble, y sin embargo, hay muchas similitudes que lo vinculan con Su predecesor, el inefable Dios de los judíos.

A.C. Grayling, filósofo y ateo, explica la 'dualidad' religión/ciencia (agregando también filosofía) en términos de adversarios: *"Sea lo que sea que uno piense sobre la accidentada historia de la relación entre la religión y la ciencia, por lo menos una cosa queda en claro: que por cierto compiten por la verdad sobre el origen del universo, la naturaleza de los seres humanos, y la posibilidad de que el universo manifieste evidencia de diseño inteligente. La religión también compite con la filosofía laica sobre la cuestión de los fundamentos de la moralidad y la posibilidad de que la existencia del universo y la humanidad tengan algún propósito establecido por una agencia supernatural, o si la creación del significado moral es responsabilidad de los seres humanos por sí mismos."* [7]

En términos del judaísmo y del cristianismo, no creo que la 'dualidad' religión/ciencia sea tan en blanco y negro como le parece a Grayling. Hay puntos en común que se deben explorar. Y hay un vínculo histórico que no se puede ignorar. Lo que es más, la etimología de 'moralidad' basa la palabra en 'mores maiorum' —las costumbres o hábitos de nuestros mayores. ¿Como compite el cristianismo con la filosofía laica en ese sentido? Mientras respetemos lo que nuestros antepasados respetaron, somos individuos morales. Es decir, somos responsables de nuestra moral. Que yo sepa, el cristianismo está contento con eso. Lo que Grayling dice con respecto a que la existencia del universo y de la humanidad tiene un propósito divino parece ser una sobre-simplificación del asunto. No todas las escuelas de filosofía laica occidental niegan la posibilidad de un propósito. Al ser laico, por supuesto, se niega que el propósito haya sido establecido por un actor supernatural. La afirmación es tautológica. Sin actor no hay propósito.

He elegido creer en la posibilidad de la existencia de un Dios deísta cuya imagen, quizás, es la que evolucionó a partir del Dios del judaísmo, Yahweh, ése que era cruel y celoso cuando era un dios tribal. Sí. No puedo creer en la pre-existencia de Jesús o en su divinidad. Jesús fue un hombre extraordinario. Pero comparto con Wright la noción de que, si Dios existe, su imagen ha evolucionado con nosotros. En esta época quizás no tenga que ser el Creador del Universo, pero debería ser perfecto y tolerante. ¿Por qué elijo creer en el Dios de los judíos sobre todos los otros? Porque soy un agnóstico cristiano. Sí, tal vez sea paradójico. Pero así es como lo siento. Me criaron católico pero nunca terminé de creer. Sin embargo, todas las imágenes que me hacen sentir cómodo son esas imágenes. El cristianismo heredó ese Dios. Y si hay un Dios, *ésa* es la imagen que llevo conmigo. Si eres monoteísta, ese Dios también debe ser tu Dios, porque el Judaísmo y el Islam también empezaron con Él. Puedes llamarlo Dios, Yahweh, El, o Alá, o elegir no nombrarlo para nada. No te voy a juzgar y espero que tú, religioso o ateo, tampoco lo hagas conmigo.

Bueno, Dawkins tiene algunas cosas que decir sobre el Dios de los judíos, y ninguna de ellas es buena:

"El Dios del Antiguo Testamento es posiblemente el personaje más desagradable de toda la ficción: celoso y orgulloso de serlo; mezquino, injusto, controlador implacable; vengativo, limpiador étnico sanguinario, misógino, homofóbico, racista, infanticida, genocida, filicida, pestilente, megalomaníaco, sadomasoquista, prepotente caprichosamente malévolo." [8]

No se le quedó nada en el tintero. ¿Pero ha entendido el Antiguo Testamento? Bueno, ¿es posible defender a Dios contra los epítetos que el Profesor Dawkins le endilga? No. Es imposible... es decir, si aplicamos sus reglas, pero el juego que él propone es un juego muy injusto.

El Dios del Antiguo Testamento es un dios tribal que debe defender a su tribu a toda costa.

Si tomo cualquier libro sobre brujería o magia negra o alquimia o astrología y cito algo que se dice en él, podría decir que la ciencia es pura superstición, que no tiene nada de racional. Y la ciencia ha evolucionado a partir de todas esas disciplinas primitivas. Es exactamente lo mismo que cualquiera de esas "disciplinas", nada más que se ha desarrollado a medida que el conocimiento humano ha crecido. Cualquier científico se puede quejar de que los sacerdotes del Templo de Jerusalén hacían sacrificios de animales. Y yo puedo decir que, hasta hoy en día, los laboratorios sacrifican ratas y monos y primates, y toda otra clase de animales, en el interés de la ciencia. Podría decir que la ciencia crea armas que matan gente. La ciencia creó las bombas que cayeron sobre Hiroshima y Nagasaki. También podría decir que los científicos nazis hicieron vivisecciones en seres humanos, de nuevo, en el interés de la ciencia. Los seres humanos pueden usar a ambas, la ciencia y la religión, para sus motivos maléficos.

Lo que también es evidente en esta discusión es que es posible tomar cualquier cosa fuera de contexto. La noción de Dios ha evolucionado, y sigue evolucionando, con la humanidad. Hace tres mil años, una tribu de pastores analfabetos percibía a Dios de una manera que ya no es compatible con la percepción que tenemos de Él hoy en día.

Cuando se le pidió la respuesta a la Pregunta Fundamental sobre la Vida, el Universo, y Todo, a la computadora de *La guía del autoestopista galáctico* le tomó 7 millones y medio de años para decidir que era 42. ¿Sería que Douglas nos estaba diciendo algo gracioso o les estaba mandando un mensaje a los científicos y a los racionalistas?

No recuerdo quién dijo que intentar explicar la religión en términos de ciencia es como intentar describir la "Gioconda" hablando de los pigmentos. Quizás nadie lo dijo y yo me lo imaginé. De cualquier modo, creo que es una metáfora muy apta.

Entre algunos autores recientes, Craig A. James, un ingeniero, aplicó la noción de los memes y la memética a la religión. Exploró la idea de que la religion es como un virus y que se reproduce a sí misma. En su libro *El virus religioso (en inglés, The religious virus)* llevó el concepto a extremos:

"*...Con nuestro nuevo entendimiento de la evolución y de los memes, observamos la evolución de la religión desde la época de Jesús a la actualidad, y estudiamos varios otros memes que incluían el memeplejo Virus de la Religión, incluyendo un mayor refinamiento de la intolerancia, cómo se transformó la culpa en una importante fuerza de la persuasión, los memes cielo/infierno, y cómo San Pablo expandió a Yahweh para hacerlo dios de los gentiles. También observamos el importante concepto de que la sinergía, junto con los memes del cielo/infierno, la culpa, el monoteísmo y la intolerancia, funcionan bien en conjunto.*" [9] ¡Increíble! Análisis científico. ¿Qué puedo decir?

En *El engaño de Dios (The God delusion*, en inglés*)*, Dawkins mismo aplica el principio del 'meme' a la religión:

"*El hecho de que la religión sea omnipresente probablemente signifique que ha trabajado para beneficio de algo, pero quizás ese algo no sea nosotros o nuestros genes. Quizás solo beneficie las mismas ideas religiosas, a tal extremo que ellas funcionan un poco a la manera de un gene, como replicadores."* [10]

¿Absurdo? Tanto James como Dawkins explican la existencia de la religión usando la existencia de la religión. Bueno, no me quiero poner filosófico. Me alegra que Dawkins no haya dedicado todo el libro a hacerlo. Intentar resolver una cuestión que pertenece a las humanidades requiere métodos aplicables a las humanidades. El 'meme', esa idea pseudo-humanista inventada por Dawkins en *El gen egoísta* (*The selfish gene*, en inglés), es un concepto que parece permitir dicho método. Sin embargo, si aplicamos un método científico a una cuestión relacionada con las humanidades por cierto llegaremos a una respuesta absurda.

Mezclar abiertamente la ciencia y la religión resulta en conceptos todavía más extraños. Los Creacionistas de America han introducido la noción de 'diseño inteligente', que quieren se enseñe en las clases de ciencia. La mayoría estará de acuerdo en que ésa es una idea ridícula. Es la otra cara de lo que hemos estado estudiando. El 'Diseño Inteligente' es la negación de la evolución y la ciencia. No tiene sentido. Quiere proporcionar una respuesta científica para Dios. Tal cosa no existe.

Ésos son los extremos. Los sectores radicales que hablan en lenguas y manipulan serpientes contra los evolucionistas darwinianos que esperan explicar a Dios en términos científicos. ¿Debería haber otras posiciones? Como mencionara anteriormente, Robert Wright (*Nonzero, The evolution of god*) parece tener una respuesta teleológica para el problema. Algo que podría ser descrito como un Espíritu Santo súper turbo: cualquiera sea nuestro propósito, ese propósito *es* Dios.

Hay un concepto más complejo: la dirección paralela de la evolución y la religión. ¿Tiene un objeto la evolución? La evolución no pareciera tener un objetivo final, como el cristianismo. Sin embargo, el resultado de la manera en que evolucionamos es que nos adaptamos a las condiciones en que vivimos y la vida se hace más fácil. La vida se ha hecho más fácil. Y hasta ahora hemos sobrevivido. El cristianismo organizado, que solo se ocupa de los seres humanos, tiene como objeto la perfección espiritual. Un objetivo peligroso. Islam también lo hace, desde una perspectiva totalmente diferente.

¿Cómo se perpetúa la religión? La respuesta es simple y tiene que ver con emociones. No hay meme (¡por favor!). No hay virus. ¿Por qué un católico se encuentra en calma y bien cuando está en una iglesia católica? ¿Por qué me siento en casa ahí si ni siquiera estoy seguro de creer en Dios? Es simple: mis padres me enseñaron los principios de la fe católica. Me mostraron con el ejemplo. También me mandaron a una escuela católica. Tal vez ello haya estado mal, pero estoy seguro que mis padres solo querían lo mejor para mí. Así es como persiste la religión, o por lo menos así es como ha persistido hasta ahora. Se supone que es algo bueno. Se respeta a los padres. Se obedecen las reglas. Se crece dentro de una cultura. Es así de simple.

San Agustín habría estado de acuerdo: tus padres te guían hacia tu religión:

"Sin embargo me negué totalmente a confiar la sanación de las enfermedades de mi alma a esos filósofos, ya que ignoraban el nombre de Cristo, que salva. Por lo tanto decidí permanecer como catequista en la Iglesia Católica, que era lo que mis padres querían, por lo menos hasta poder ver claramente una luz que guiara mis pasos." [11]

También es muy fácil, por ejemplo, que alguien que nazca en una cierta religión, considere que las otras culturas "no son la verdadera". Se enseña que el resto está mal y uno tiene la razón. La Iglesia Católica es la verdadera fe porque continuó cuando los judíos se detuvieron. Y se mantuvo en su curso cuando los protestantes se alejaron del sendero correcto siguiendo a los falsos profetas, Martín Lutero, Calvino, Zwinglio. Y ni hablemos de Enrique VIII que, por supuesto, arderá en el infierno por siempre jamás.

Tom Holland nos cuenta una anécdota de Dawkins que, mal que le pesase, había tenido que aceptar algo de cristianismo en sí mismo: *"El 16 de julio de 2018, uno de los científicos mejor conocidos del mundo, hombre celebrado tanto por sus polémicas contra la religión como por sus escritos sobre la biológica evolutiva, se sentó a oir las campanas de una catedral inglesa. Richard Dawkins mandó un tweet: 'Tanto más agradables que el sonido agresivo de 'Allahu-Akhbar'. '¿O será que fui criado en esta cultura?'* " [12]

Como con todo lo demás, hay una razón para que así sea. Tenemos una necesidad atávica de pertenecer. Reza Aslan dice: *"Comencé a reconsiderar la religión y cultura de mis antepasados, y encontré en ellas una familiaridad más íntima, más profunda que la que sentía de niño, del tipo que viene cuando uno se vincula nuevamente con un antiguo amigo de quien ha estado alejado durante muchos años"*. Aslan regresó a su religión. Es fácil entender lo que hizo y porqué lo hizo. La fe de nuestros mayores nos da esa sensación cálida e inexpresable, que ningún tipo de razonamiento ateo nos puede dar. En Islam, si uno quiere practicar la religión, tiene que hacerlo totalmente. No hay términos medios. En el caso del cristianismo, el Occidente ha desarrollado principios que invaden nuestra cultura laica, y es totalmente aceptable ser un cristiano agnóstico, o no practicante, como hemos visto.

Hay otra explicación, más crítica, que Grayling resume muy bien: *"Para poner las cosas de la manera más simple, el mayor motivo de la continuación de la fe religiosa en un mundo que de otro modo parecería haberla superado, es el adoctrinamiento de los niños antes de llegar a la edad de la razón, junto con una combinación total o parcial de presión social en cuanto a pertenecer, el apoyo social de las instituciones y tradiciones religiosas, la emoción, y (esto se debe decir) la ignorancia—de la ciencia, la psicología, la historia en general y la historia y las doctrinas reales de las religiones mismas."* [13]. Esto, por supuesto, no considera el hecho de que los niños crecen, tienen uso de razón, y son libres de elegir si quedarse en el seno de la religión o salirse de ella. Lo que permanece, como dijéramos, es ese sentimiento cálido e inexpresable que permanece con uno toda la vida.

Historicamente las religiones se perpetuaron de maneras que ya no son aceptables. En muchos países musulmanes el pecado de apostasía y el proselitismo cristiano todavía se hace acreedor a la pena de muerte. En el dogma de la Iglesia Católica los apóstatas tenían su lugar en los más bajos confines del infierno y, por supuesto, hasta el siglo diecisiete fueron quemados en la hoguera. Los judíos también, a menudo, echaron y lapidaron a los apóstatas.

De la misma manera, toda persona racional con formación aristotélica encontrará que tachar a la religión como sarta de mentiras es algo muy fácil de hacer. Aplicando el sentido común, o desde un punto de vista científico, es muy fácil probar que una religión es algo falso. Solo se necesita un ateo que hable bien. Y muchos de ellos hablan muy bien. Pero ¿sirve de algo eso?

El asunto de Dios, como algo distinto de la religión, es otra cosa. Dawkins a veces sale con enigmas infantiles del tipo que

usábamos en la escuela primaria: *"El argumento se centra en la conocida pregunta '¿Quién hizo a Dios?', que la mayoría de los seres pensantes se contestan a sí mismos. Un Dios Diseñador no puede usarse para explicar la complejidad organizada porque todo Dios capaz de diseñar algo tiene que ser suficientemente complejo para requerir que se le aplique el mismo tipo de explicación. Dios presenta una regresión infinita de la cual no puede ayudarnos a escapar."* [14]
El problema yace en intentar explicar un concepto como Dios, o el universo, con una mente humana. La respuesta es absurda: tal como a la tortuga que sostenía la Tierra, a Dios lo sostienen tortugas, una arriba de otra, en una pila que llega hasta bien abajo.

Sabia, hasta diría humildemente, de Botton explica la utilidad de la ciencia desde una perspectiva diferente: *"La ciencia nos debe importar no solo porque nos ayuda a controlar partes del mundo, sino porque también nos muestra cosas que jamás entenderemos del todo. Así que haremos bien en meditar diariamente, un poco como los religiosos hacen con su Dios, sobre los nueve trillones y medio de kilómetros que representan un solo año luz, o quizás en la luminosidad de la más grande estrella conocida de nuestra galaxia, Eta Carinae, que está a 7.500 años luz de distancia, y tiene 400 veces el tamaño del sol y es 4 millones de veces más brillante."* [15]

La investigación científica conducida por Darwin y otros científicos en la segunda mitad del siglo XIX no tenía como objeto probar la inexistencia de Dios. Terminó presentando pruebas contra la interpretación cristiana que San Pablo hiciera de la *Tanaj*.

DARWIN Y LA EVOLUCIÓN DE LAS ESPECIES

Con su libro *El origen de las especies* (*The origin of species*, en su original inglés), Charles Darwin dio forma a una teoría que su ilustre abuelo, el Dr Erasmus Darwin, entre otros, había preanunciado en el sigo XVIII. Pensadores como él habían considerado la posibilidad durante algún tiempo. Las especies evolucionan. La especie humana es parte de esa evolución. El Dr Darwin parece haberlo sospechado:

"Exactamente como con los fósiles de las cuevas de Derbyshire, estaba claro—aunque Lineo dogmáticamente se había aferrado al punto de vista contrario—que algunas especies habían desaparecido con el tiempo, que habían surgido nuevas, y que tipos más antiguos habían mutado." [1]

Unos años después del nacimiento de Jesús, Lucrecio tuvo ideas que podían considerarse algo muy similar al evolucionismo. El Conde de Buffon sobresalió entre los naturalistas que anticiparon la evolución de la especie, especialmente la relación del hombre con otros primates:

"Y, una vez que se admite que hay familias entre las plantas y los animales, que el asno pertenece a la familia del caballo, y que difiere de él solo por degeneración; con igual propiedad podemos concluir que el mono pertenece a la familia del hombre; que el mono es un hombre degenerado; que el hombre y el mono han surgido de algo en común, como el caballo y el asno; que cada familia, ya sea entre los animales o los vegetales, deriva del mismo origen y hasta que todos los seres animados derivan de una misma especie, que, con el correr de los años, ha ido produciendo, mejorando y degenerando, todas las distintas razas que ahora existen." [2]

Charles Darwin investigó y publicó evidencia minuciosa de que lo que Buffon y su abuelo habían observado era indiscutiblemente cierto. Para muchos, especialmente para los anglicanos obsesionados con la Biblia, ésa era una píldora muy difícil de tragar. También hubo una amplia reacción de varios otros grupos religiosos. El libro y la teoría mismos no incluían ninguna declaración de carácter ateo. Con la idea de la evolución, tal como la expresaran autores como Lucrecio, abandonada o ignorada, y con la Biblia—aceptada literalmente por tanto tiempo—era predecible que, en el siglo XIX, ese recordatorio de que los humanos descendemos de primates no fuera fácil de aceptar.

Stephen Greenblatt, en *"El ascenso y la caída de Adán y Eva (The rise and fall of Adán and Eve,* en inglés)*"* habla sobre la teoría de Darwin en estos términos: *"El darwinismo no es incompatible con la fe en Dios, pero es ciertamente incompatible con la creencia en Adán y Eva. Nada de lo que aparece en 'El descenso del Hombre (The Descent of Man)', publicado en 1871, permitía ni siquiera la más remota posibilidad de que nuestra especie se originara en dos ejemplares de humanos recién creados en un jardín paradisíaco. Darwin ya había hecho pública su teoría evolucionaria en su libro de 1859,*

El origen de las especies (The Origin of Species). Escrito para personas no especializadas, el libro tuvo un impacto enorme, pero había dejado deliberadamente a los humanos fuera de la enorme gama de especies sobre las que hablaba". [3] El problema con eso es que los dos seres humanos rubios, tipo europeo eran definitivamente una interpretación cristiana. Si el Profesor Greenblatt hubiera especificado *"con la creencia cristiana en Adán y Eva"*, yo habría estado totalmente de acuerdo. Y es verdad, el darwinismo no permite la posibilidad de dos 'ejemplares, humanos recién creados', pero eso no es lo que el mito original judío dice. En toda probabilidad, como dijéramos, la Torah era proto-Darwiniana y por lo tanto más que compatible con la evolución. La separación entre los seres humanos y los otros animales fue introducida mucho más tarde, con San Pablo.

Como caballero inglés victoriano que era, Darwin no se consideraba el naturalista ateo y totalmente materialista que sus admiradores deseaban que fuera. Es bien sabido que la esposa de Darwin—que también era su prima—Emma Wedgwood, era una cristiana devota, como lo era su círculo familiar, y que ella ejerció influencia en la manera en que escribió ciertos detalles del libro. El último párrafo del *Origen de las especies* tiene dos versiones. En la primera no incluyó una mención de Dios. En la segunda versión, que apareció desde la segunda hasta la sexta edición, agregó "por el Creador". Muchos dicen que eso fue para calmar a su esposa y familia, y al público en general. Él también mencionó esa enmienda más tarde y evidentemente no estaba contento de haberla introducido. Pero lo hizo. El párrafo dice:

"Directamente de ello, de la guerra de la naturaleza, de la hambruna y la muerte, proviene el más exaltado hecho que podemos concebir, es decir la producción de los animales más avanzados. Hay grandeza

en esta visión de la vida, con sus diversas facultades, que originalmente recibiera el hálito del Creador en varias formas o en una sola; y que, mientras este planeta seguía en su órbita de acuerdo a la ley fija de la gravedad, pasó de un comienzo tan simple a infinitas formas tan hermosas y tan maravillosas que han evolucionado, y que continúan evolucionando." [4]

Hay que notar la palabra "hálito", que se mantuvo en las ediciones que no mencionan a Dios. Es una palabra bíblica. Es muy probable que, viviendo en la Inglaterra del siglo XIX, y aun con todas sus afirmaciones materialistas, Darwin fuera en realidad un agnóstico.

Relatos sobre la muerte de Darwin parecen confirmar su agnosticismo.

Era casi la medianoche de ese miércoles, 19 de abril de 1882. La casona estaba ubicada en el mejor lugar del pueblito de Downe, a dieciséis millas del centro de Londres. En el dormitorio principal había dos o tres personas rodeando al anciano, que estaba muy enfermo. Se despertó, bastante mareado, bastante confundido. Henrietta lo tomó de la mano. Empezaron las convulsiones y los vómitos otra vez. De sus labios pálidos salió una exclamación cansada: "¡Oh, Dios mío!", y nuevamente: "¡Oh, Señor mi Dios!". En ese momento casi se desmayó. Henrietta le dio sales aromáticas.

- *"¿Dónde está mamá?", preguntó, un tanto angustiado.*

Cuando le dijeron que Emma se hallaba descansando, dijo que se alegraba e intentó una sonrisa, mientras les decía a dos de las niñas que estaban en la habitación que ellas eran las mejores enfermeras del mundo. Todos sabían que estaba muy dolorido. Cuando llamaron a la esposa, el anciano sintió que se desmayaba. Ella —Emma— lo tomó de la mano y le dio un poco de whisky para aliviarlo, pero el dolor era insoportable. Para el momento en que llegaron los médicos, había perdido totalmente el conocimiento. Todos los presentes sabían que ya se había perdido toda esperanza. De esa manera murió Charles Robert Darwin. Así, más o menos, describen la escena Adrian Desmond y James Moore en *"Darwin",* su excelente biografía de 1991.

Yace en la Abadía de Westminster. Si hubiera sido un ateo podría haber dispuesto que eso no sucediera. Ni sus admiradores antiteístas pueden negar ese hecho. Darwin está enterrado en la casa de Dios.

El evolucionismo había comenzado antes que Darwin, pero algo innovador que Darwin había aportado era la idea de la selección natural. O sea "la supervivencia del más apto", del más fuerte. En ese sentido, el cristianismo parecería todo lo contrario. Jesucristo había enseñado compasión para con el débil, el pobre, el enfermo. Su vida misma, y su muerte, enseñan eso. Nuestra sociedad mantiene esos principios. A Darwin le preocupaba la incoherencia entre sus teorías y la moral y la ética occidentales. En su libro *"Darwin, el darwinismo social y la eugenesia"* (*"Darwin, social darwinism and eugenics",* por su título en inglés), Diane B. Paul lo cita diciendo *"... la selección natural no ha aportado nada a nuestra civilización moderna ..."*. Aunque estaba de acuerdo con dichos principios cristianos, su idea era que la sociedad, si los tomaba como algo central e importante, corría el riesgo de degenerarse y decaer.

Hoy en día, las sociedades occidentales y cristianas, o sea las democracias liberales, respetan y protegen al más débil, incluso fuera de sus órbitas, aunque al mismo tiempo fomentan la competencia. Los más aptos son los que triunfan dentro de dichas sociedades. Pero tanto débiles como fuertes recogen los beneficios de la evolución.

Tom Holland resume exitosamente las diferencias que aparecen entre el cristianismo y el darwinismo: *"Creer que Dios se había transformado en hombre y había sufrido la muerte de un esclavo era creer que podría haber fortaleza en la debilidad y victoria en la derrota. La teoría de Darwin, de manera más radical que ninguna otra idea surgida de la civilización cristiana, presentaba un desafío a esa hipótesis. La debilidad no era algo que se debía valorar."*
... *"Durante dieciocho largos siglos, la convicción cristiana de que toda vida humana era sagrada había sido sustentada por una doctrina más que por ninguna otra: que el hombre y la mujer habían sido creados a imagen y semejanza de Dios. La divinidad se podía encontrar tanto en el pobre, el convicto o la prostituta como en el caballero con sus ingresos y su despacho rodeado de libros."* [5]

¿Cómo es que la ciencia, producto del Occidente, apoya el evolucionismo, la selección natural y el darwinismo en general pero las sociedades occidentales se comportan utilizando otros principios? Como decíamos, las sociedades occidentales del siglo XXI tienen una idea muy clara de lo que está bien y lo que está mal. Eso está basado en algo. En el Occidente ha triunfado la creencia de que es más noble sufrir que hacer sufrir. Se respeta la 'fortaleza' de renunciar a algo por una causa digna sin tachar de débil al que lo hace. Esas certezas forman parte de un legado que hemos recibido hace más de veinte siglos, ideas que en su tiempo fueron revolucionarias y transformaron el mundo. Claramente, las nuestras actuales son convicciones que se basan en la moral y la ética cristianas. En ese sentido, los temores de Darwin con respecto a la debilidad en el Occidente eran infundados. Estaba equivocado. Aun habiendo surgido del Occidente cristiano, la ciencia —derivado parcial de la cultura occidental, actividad solo dedicada al aspecto racional de nuestras vidas— todavía no comprendía la manera en que nuestra cultura funciona.

Tal vez la ciencia, esa creación humana, jamás pueda entender totalmente lo que Adán y Eva entendieron después de haber comido la fruta del Arbol del Conocimiento del Bien y del Mal.

AGNOSTICISMO

Hay muchos autores agnósticos moderados, como Robert Wright que, sin totalmente aceptar la existencia de Dios, proclaman que hay un ímpetus y una dirección en nuestra evolución biológica y cultural que pueden ser indicativos de una deidad. Vamos hacia algún lado. Y, desde ya, las cosas parecen estar mejorando para nuestra especie. Hemos progresado.

Tal vez el propósito de la vida sea ser feliz y disfrutar. Tal vez haya verdadera sabiduría en el Eclesiastés.

Al estar de acuerdo con Wright, me encuentro en una de las posiciones más despreciadas (tanto por los teístas como por sus opositores) dentro del debate teísta-ateo: el agnóstico. Dawkins, por ejemplo, detesta a los agnósticos. Hasta está de acuerdo con un predicador que odiaba a los agnósticos y que él recuerda como algo de su niñez:

"... Lo que este pastor no podía aguantar eran los agnósticos: ñoños, papilla blanda, té flojo, hierbas malas, pusilánimes pálidos, indecisos." [1]

Hoy en día, aun mencionar la posibilidad de Dios entre personas educadas es una receta para el desastre. Wright explica la dificultad en que se encuentra el agnóstico:

"... Y quizás el origen de este propósito tan elevado, la fuente del orden moral, sea algo que se pueda definir como 'dios' por lo menos en algún sentido de la palabra.

La oración anterior está lejos de ser una expresión fervorosa de fé religiosa: de hecho, es esencialmente agnóstica. Aun así, no recomiendo decir algo parecido, digamos, en una reunión de una facultad prestigiosa a menos que usted quiera la gente lo mire como si hubiera empezado a hablar en lenguas. En círculos intelectuales modernos, especular seriamente sobre la existencia de Dios no es la mejor manera de lograr una estima generalizada." [2]

Los agnósticos—y me incluyo entre ellos—son literalmente "los que no saben". Es bueno, sin embargo, saber al menos que uno está en compañía de gente como Darwin y algunos de los mejores filósofos de la historia. Thomas Huxley, también agnóstico, reflexiona:

"La única cosa en que esta buena gente estuvo de acuerdo fue la única cosa en que yo difería de ellos. Estaban totalmente seguros de haber logrado una cierta 'gnosis' – de haber, más o menos exitosamente, solucionado el problema de la existencia; mientras que yo estaba bien seguro de que no, y tenía una convicción bastante fuerte de que el problema era insoluble. Y, con Hume y Kant de mi lado, no me sentía presuntuoso por mantenerme en esa posición..." [3]

No puedo sino envidiar a las personas que están tan seguras de sus creencias, ya sean religiosos o ateos. Es el tipo de convicción que hace falta para ser un terrorista suicida.

Los autores antiteístas, como Christopher Hitchens (e innumerables más) dicen que la idea de Dios no le ha hecho nada más que daño a la especie y que vamos a estar mucho mejor el momento que renunciemos del todo a la religión. Un pensamiento tentador para algunos, en vista de la propagación del terrorismo islámico, entre otras maldiciones que hemos tenido que soportar este siglo.

Hitchens nunca se calló ciertas opiniones:

"Si bien no puedo probar definitivamente que la utilidad de la religión es algo pasado, y que los libros en los que se basa son claramente fábulas, y que es una imposición hecha por el hombre, y que ha sido la enemiga de la ciencia y la investigación, y que ha subsistido mayormente en base a mentiras y miedos, y que ha sido cómplice de la ignorancia y la culpa como así también de la esclavitud, el genocidio, el racismo, y la tiranía, puedo ciertamente decir que ahora la religión está bien al tanto de esas críticas." [4]

Sin duda, la religión doctrinaria ha sido concebida por el hombre. Es el corpus de ritos y regulaciones que algunos hombres han creado para que el resto de la humanidad se comunique con su dios. Ha servido para eso por miles de años. Y todavía le resulta útil a miles de millones de personas. Reza Aslan la describe como un idioma: *"Más allá de que los mitos y los rituales, los templos y las catedrales, los permisos y las prohibiciones, por milenios, separaron a la humanidad en diferentes creencias, a menudo opuestas, la religión es poco más que un 'idioma' hecho de símbolos y metáforas que permite que los creyentes comuniquen, entre ellos y consigo mismos, la inefable experiencia de la fe."* [5]

Hitchens parece haber visto estas cuestiones en blanco y negro, como muchos otros ateos. Hablando de mitos, Stephen Greenblatt explica los matices: *"Toda mi vida me han fascinado las historias que los humanos inventamos en un intento de darle sentido a nuestra existencia, y he llegado a entender que el término 'mentira' es una descripción deplorablemente inadecuada del motivo o del contenido de esas historias, aun cuando sean muy fantasiosas."* [6]

De cualquier manera, muchos de los problemas que Hitchens menciona están relacionados con la interpretación que hace la Iglesia de las Escrituras hebreas. La Biblia hebrea, o *Tanaj*, como hemos visto, es una colección de tradiciones e historias orales que explican la prehistoria de la nación judía. Sus historias no son 'fábulas transparentes'. Fueron historia oral antes de transformarse en escrituras, tradiciones transmitidas de generación en generación desde tiempos inmemoriales. Son seres humanos que relatan acontecimientos pasados y dichos acontecimientos pasan a formar parte de la historia. Greenblatt, nuevamente: *"Los seres humanos no podemos vivir sin historias. Nos rodeamos de ellas; las creamos mientras soñamos; se las contamos a nuestros hijos; pagamos para que nos las cuenten a nosotros. Algunos de nosotros las creamos en forma profesional. Y unos pocos de nosotros —me incluyo— pasamos la vida entera intentando entender su belleza, poder, e influencia."* [7]

Sin desear defender al cristianismo doctrinario, las otras culpas que Hitchens le endilga a esa religión se pueden aplicar a cualquier institución que haya pervivido miles de años, y no hay muchas de ellas. La democracia en su infancia no incluía a los esclavos, a los extranjeros, ni a las mujeres. En realidad, las mujeres fueron excluídas hasta muy recientemente. Los extranjeros todavía están excluídos. La democracia es tan exclusiva como el estado soberano. Proponer que se deseche la democracia por sus errores pasados me sonaría como algo absurdo.

Sí, las creencias del mundo civilizado ya han cambiado. El cristianismo y la cultura occidental parecen lo mismo, un continuum con diferentes gradaciones de religiosidad. Volviendo a la democracia, debemos recordar que la segregación racial, por ejemplo, fue una realidad hasta tiempos muy recientes en países avanzados como los Estados Unidos, Sudáfrica y Australia. Hubo épocas en que la democracia no era sinónimo de liberalismo. El mismo principio se debe aplicar a la Iglesia. Si quiere sobrevivir tendrá que aceptar las realidades del siglo XXI. De cualquier manera, según proponemos acá, el cristianismo definitivamente ha sobrevivido fuera de la Iglesia. La amplia aceptación del casamiento entre personas del mismo sexo en el Occidente, por ejemplo, es prueba de ello.

Quizás algún "milagro" traiga a la Iglesia a coincidir con el cristianismo secular y la cultura occidental.

Robert Wright se mantiene siempre optimista:

"Tal vez, al fin y al cabo, un relato despiadadamente científico de nuestro problema... sea realmente compatible con una cosmovisión verdaderamente religiosa y sea parte del proceso que refine la cosmovisión religiosa, acercándola a la verdad.

Estas dos grandes preguntas "conflictuales" se pueden expresar en una sola oración: ¿Pueden las religiones del mundo moderno reconciliarse entre ellas y pueden reconciliarse con la ciencia? Creo que su historia nos señala respuestas afirmativas." [8]

Lo que Wright dice es uno de los puntos de este libro. El cristianismo ha sufrido cambios y debe sufrir muchos más. De eso no hay escape. El cristianismo sobrevive ahora en el Occidente como un grupo de principios éticos y morales que hemos heredado de Jesucristo. Las Iglesias Católica y Protestantes comienzan a aceptar, en forma pausada, que su papel es totalmente secundario.

La reacción de los ateos occidentales a la noción de Dios probablemente se origine en el profundo desencanto que muchos tenemos con la religión organizada. Las mentiras y escándalos han sido muchos. Los Papas tenían concubinas e hijos. Hubo Papas que nombraron cardenales a sus propios hijos. Lutero era un antisemita rabioso, como lo era Calvino en menor grado. Enrique VIII creó la Iglesia Anglicana porque el Papa no quería anular su casamiento con Catalina de Aragón. Durante la Segunda Guerra Mundial, Pío XII casi se puso del lado de los Nazis. Este siglo ha habido cardenales que se han enriquecido y han construído sus palacios con fondos de la Iglesia. Curas pedófilos les han arruinado la vida a incontables niños y niñas. Un cardenal australiano, George Pell, fue condenado por abusar sexualmente a dos niños del coro de la Catedral de Melbourne aunque la Corte Suprema lo liberó un año después porque la evidencia no era conclusiva. Hace algunos años, el Banco Ambrosiano, cuyo mayor accionista era el Banco del Vaticano, estuvo relacionado con fraude y crimen. Y así continúa. El escándalo nunca se detuvo.

Alejado de los sacerdotes, los ritos, y el dogma de la Iglesia, el cristianismo continúa, imperturbable, transformado en la civilización más avanzada que el mundo ha visto.

Paradójicamente, Charles Darwin parece haber querido creer en el Dios de los cristianos; lo lamentable es que lo halló muy difícil en vista de sus descubrimientos relacionados con la evolución.

A veces nuestros corazones van en una cierta dirección pero nuestras mentes no nos lo permiten. Muy a menudo, sin embargo, las preguntas y las respuestas no pueden ser tan simples como un sí o un no. En mi vida he descubierto que es posible, hasta para un agnóstico, conectarse cada tanto con Dios en forma espectacular; asombrarse ante la relación que existe entre los seres humanos y su Dios. Sucede cuando uno se acerca al *Baldacchino* de Bernini, el dosel monumental apoyado sobre retorcidas columnas salomónicas que cubre el altar mayor de la Basílica de San Pedro. Hagia Sophia, en Constantinopla (ahora Estambul), es probablemente el lugar en donde Dios está más cerca de la Tierra. Construída en el siglo VI DC, ejemplifica la gloria de la arquitectura bizantina. Toda impresión que un edificio o rascacielos actual le puede dar a uno, sin que importe su tamaño, se hace minúscula en comparación. Solo el amor de Dios puede haber creado la grandiosidad de Hagia Sophia. Aun si uno es un escéptico religioso y tiene sus dudas, ninguna cantidad de análisis racional puede explicar el poder del vínculo con la Deidad. Por supuesto, éstas son cosas que no prueban nada con respecto a la existencia de Dios. Mantener la mente abierta no le hace daño a nadie, me imagino.

Es muy posible, como decíamos, que el resurgimiento del ateísmo sea solo una reacción a los problemas que hemos tenido con la religión organizada, básicamente con las iglesias cristianas, con sus dogmas fabricados y las personalidades de sus líderes. La historia, sin embargo, no tiene un botón de *Borrar*. No podemos hacer desaparecer lo que ya ha sucedido. Lo único que podemos hacer es asumirlo. Descartar totalmente el concepto de Dios porque hubo deshonestidad en la historia del cristianismo sería, por cierto, como tirar la fruta sana con la podrida.

Intentando encontrar qué hay de rescatable, Alain de Botton hace un esfuerzo por reconciliar nuestras necesidades actuales con la religión: *"Quizás las doctrinas de la Trinidad cristiana y el Óctuple Noble Sendero de los budistas no le hagan mella a uno y sin embargo quizás uno esté interesado en las maneras en que las religiones dan sermones, fomentan la moralidad, engendran espíritu de comunidad, hacen uso del arte y la arquitectura, inspiran viajes, encaminan mentes y alientan nuestra gratitud por la belleza de la primavera. En un mundo acosado por fundamentalistas de ambas variedades, laicos y creyentes, tiene que ser posible equilibrar el rechazo de la fe religiosa con una reverencia selectiva por los rituales y conceptos religiosos."* [9]

Los estadounidenses parecen encontrar que aceptar su propia historia es una proposición difícil. La bandera de los Estados Confederados, un símbolo de esclavitud y opresión, junto con monumentos a generales secesionistas como Lee y Stonewall Jackson se han retirado de la vista del público. La reacción es lógica, pero esconder esos símbolos no los va a hacer desaparecer. La existencia de la Alemania Nazi en la década de 1930 y las cosas horribles que los seres humanos se han hecho unos a otros no pueden y no deben borrarse de nuestra memoria colectiva. La idea debería ser de aprender de la experiencia. En el caso del cristianismo, sabemos que ha habido engaño. Negarlo es tan tonto como creer en él. En realidad, la gran mentira sería ignorar nuestro pasado. Quizás, en el futuro, las Iglesias del Occidente participen en la búsqueda de la solución. ¿Es probable? Tal vez no sea probable, pero tampoco es imposible.

Como hemos venido diciendo, toda Europa, básicamente la totalidad de nuestra cultura occidental de la que estamos tan orgullosos, creció a partir del cristianismo. Nuestros nombres, nuestro arte más respetado, nuestra toponimia, mucho de nuestro idioma, aun nuestras vacaciones son un constante recordatorio de ello.

Somos seres contradictorios surgidos de orígenes animales y con doble naturaleza. Así que decir que somos meros animales es simplificar las cosas a tal extremo que ni siquiera Hitchens lo hubiera aceptado. Desde mi punto de vista, nuestra conciencia es un regalo divino, si queremos usar esa palabra. Es la parte colectiva y divina en nosotros. Lo que el cristianismo llama el Espíritu Santo.

Sabemos que todo es finito, que todo debe terminar, hasta nosotros mismos; ése fue uno de los descubrimientos de Adán y Eva. Morimos. El cristianismo nos prometía la inmortalidad a través de la fe en Jesucristo. Para muchos de nosotros está perfectamente claro que tal cosa no existe. Eso también lo sabemos. Pero está bien. Quizás lo que necesitamos, más que la inmortalidad, sea una indicación sobre el significado de nuestras brevísimas vidas.

Pero el cristianismo no es algo maléfico, como muchos ateos argumentan. Quizás esa sea la falla mayor en el libro de Christopher Hitchens *Dios no es grande: Cómo la religión envenena todo (God is not great – how religion poisons everything)*. El tema del mal está presente a lo largo del libro (incluso en el título), lo que va en detrimento de su lógica impecable—uno se pregunta, ¿por qué alguien querría causarle mal a la humanidad?. Se puede argumentar que ha habido individuos religiosos que históricamente se han aprovechado de otros individuos en su propio beneficio. ¿Pero instituciones? ¿Por qué querrían hacer eso? ¿Cómo se perpetúa esa maldad? ¿Se enseña a los estudiantes de los seminarios y las escuelas de rabinos que van a decirle a la gente esa horrible mentira? ¿Se les enseña que la mentira va a mantener a los creyentes en la ignorancia y les va a arruinar la vida? ¿Ésa va a ser la profesión de curas y rabinos? ¿Todos ellos suenan como mala gente y actúan como tal? Por supuesto que no. Hitchens no creía, estoy seguro que había maleficencia en el cristianismo, judaísmo ni en el Islam. Era un hombre inteligente. Sin embargo, eligió usar el mal en Dios como tema, probablemente porque hacía que el libro sonara más interesante. Mucho del argumento es pensamiento deísta de los siglos XVII y XVIII. Todos los educadores religiosos son malos, decía. Tal vez la única excepción es la descripción de su maestra de escuela primaria, Mrs Jean Watts, *"una mujer, buena, sincera y simple"*. Estoy seguro que debe haber sido una encantadora señora inglesa. Sin que importe cuán brillante su argumento es y cómo de convincente parece a primera vista, el libro falla porque se convierte en una acusación a toda la humanidad, la cultura, y su comportamiento en general.

Siguiendo el tema de fraude, Hitchens afirma sin dudar que:

"La credulidad puede ser una forma de inocencia, y puede ser inofensiva en sí misma, pero proporciona una constante invitación para que el malvado y el astuto se aprovechen de sus hermanos y hermanas, y eso la hace una de las grandes vulnerabilidades humanas. Ningún relato honesto del crecimiento y persistencia de la religión, ni de los milagros y revelaciones, es posible sin hacer referencia a este hecho tenaz." [10]

Esto es una exageración evidente. Supone que todos los curas, rabinos, mullahs, monjas y monjes, educadores religiosos —y esto hasta incluye a Mrs Jean Watts— son (o fueron) hipócritas que esperan (o esperaban) sacar provecho de ello. El crecimiento y la pervivencia de la religión no se debe a una inmensa conspiración. La religión persiste porque se transmite culturalmente. Por supuesto, a través de la historia ha habido charlatanes que han participado en grupos religiosos y se han aprovechado de ellos.

Lo gracioso, según Alain de Botton, es que: *"En este momento de la historia los laicos son mucho más optimistas que los religiosos—lo que es una ironía, dada la frecuencia con la que estos últimos se han burlado de los primeros por su inocencia y credulidad. Son los laicos cuyo deseo de perfección ha crecido en forma tan intensa como para llevarlos a imaginar que se puede llegar a un paraíso en la tierra después de unos pocos años más de crecimiento económico e investigación médica. Sin tener conciencia evidente de la contradicción, pueden bruscamente rechazar la creencia en los ángeles y sinceramente pensar que los poderes combinados del FMI, el establecimiento de la investigación médica, Silicon Valley y las políticas democráticas pueden curar todos los males de la humanidad."* [11]

En cierto momento, Hitchens cuestiona la idea de la estafa religiosa:

"¿Creen también los maestros y profetas, o ellos también 'tienen fe en la fe? ¿Alguna vez piensan: esto es demasiado fácil? Y racionalizan el truco diciendo ya sea que (a) si estos pobres infelices no me estuvieran escuchando a mí estarían todavía peor; o (b) que si no les hace demasiado bien tampoco puede estar haciéndoles mucho daño?" [12]

Sin embargo, después de todo su análisis de la maldad en la religión, no encuentra una respuesta general a ninguna de sus dudas:

"El estudio de la religión me sugiere que, aunque no pueda de ninguna manera mantenerse sin un gran fraude o un fraude en menor escala, esto sigue siendo una pregunta fascinante y un tanto abierta." [13]

En algún momento en la historia de la fe judeo-cristiana debe haber habido engaño. ¿Bajó Moisés del Monte Sinaí con las tabletas? ¿Las escribió Yahweh con el dedo? Yo diría que no (especialmente porque—como ya hemos dicho—todavía no había escritura hebrea en esa época), pero esas tabletas, y Moisés, si alguna vez existió, proveyeron un buen código moral y orientación política a los hebreos, y a todos los gentiles que vinieron después. ¿Escuchó Saulo de Tarso a Jesucristo cuando iba camino a Damasco? Yo diría que no, pero brindó la semilla para que los romanos (y los gentiles en general) adoptaran y adaptaran una forma de judaísmo que parecía más incluyente, y que era útil y positivo. Y también, parafraseando a Robert Wright, proveyó la evolución de la ilusión que la humanidad necesitaba en ese momento.

El Yahweh original era más que antropocéntrico. Era judaico. Por supuesto que lo era. Era la noción de Dios según la habían concebido hombres que eran judíos. Era el creador del universo pero también era, de alguna manera, excluyente. Había elegido a la humanidad y a las tribus judías. El Dios del cristianismo sigue siendo el Creador del universo. No es excluyente en cuanto a que acepta a cualquiera que haya nacido cristiano o se convierta al cristianismo (a nadie más, sin embargo); y todavía es extremadamente antropocéntrico. Su Hijo es Dios pero también es hombre.

El buen aspecto de este Dios —originalmente El, Elohim, Adonai o Yahweh— que ha llegado a nosotros a través de la historia es que es el Todopoderoso Creador del universo. Pero en realidad no necesita ser un originador. Puede ser lo que sea que nos lleve adonde queremos ir. Puede ser un propósito. El Dios teleológico del Occidente.

En un cierto modo, siguiendo a Nietzsche, Dios ha muerto, pero no se gana nada declarando que Dios ha quedado nulo y sin efecto. Y se puede aplicar un razonamiento similar al cristianismo. Nuestro cerebro lo ha incorporado junto con nuestra cultura. Lo que es más, no podemos negarlo sin negarnos nosotros mismos. Muchos de nosotros en el Occidente tenemos nombres bíblicos, incluso Hitchens.

Lo que es extraño en Hitchens es que a menudo sus objeciones no iban contra la religión organizada en sí (el dogma, que es donde puede haber mentiras), sino contra la fe religiosa:

"Todavía existen cuatro objeciones irreducibles contra la fe religiosa: que tergiversa totalmente el origen del hombre y del cosmos, que a causa de este error original se las arregla para combinar el máximo de servilismo con el máximo de solipsismo, que es el resultado y la causa de represiones sexuales peligrosas, y finalmente, que se basa en ilusiones".[14]

Esos cuatro puntos son engañosos. No hay error en las religiones monoteísticas en cuanto a la creación del hombre y del cosmos. Uno puede creer o no creer que Dios haya sido responsable por el Big Bang. Los científicos quizás prefieran creer en el Boson de Higgs. La pregunta obvia: ¿es una explicación mejor, o más racional? Y esto no tiene nada que ver con la supuesta vida eterna de nuestras almas. En cuanto a la manera que la Torah presenta la creación de los seres humanos, hemos visto que, dejando de lado la presencia de Dios en el mito, es una descripción bastante exacta y hermosa de lo que debe haber pasado desde un punto de vista científico. La manera en que se ha malinterpretado ya es otro tema.

No hay servilismo en el cristianismo. Hay amor y caridad. Amor a Dios y caridad hacia el resto de los seres humanos. Quizás haya algo de solipsismo en cuanto a que todos los cristianos desean salvarse. Todos somos humanos. Pero la contrapartida es la existencia del Espíritu Santo, la divinidad que todos compartimos.

Hablo sobre represión sexual en otro capítulo pero creo que cuando Hitchens lo hace se refiere mayormente al Islam, ya que se aplica a todos los musulmanes, mientras que la mayor represión sexual del cristianismo tiene que ver con el celibato sacerdotal.

Ningún análisis profundo de la tradición religiosa judeo-cristiana puede comenzar desechando la Torah como una sarta de viejas mentiras. Las ideas que exploro aquí sugieren —o por lo menos así lo creo— una realidad que no se presta a ese tipo de análisis.

Decir que lo único que Dios representa es un espejismo injustificado, no es más que una falacia aristotélica. Científicamente Dios no existe. Sin duda. Nadie lo ha descubierto. La pregunta que cabe por hacerse es si, según Wright lo expresa, habiendo creado a Dios, el hombre no ha probado que hay un propósito, una finalidad en nuestras acciones.

PERDIENDO MI RELIGIÓN: EL IMPACTO DE UN VÍDEO EN LA TV

El año era 1990 y Tarsem Singh Dhandwar, de veintinueve años de edad, estudiante indio-americano del último año en el Colegio de Diseño del Centro de Arte, probablemente estaba vendiendo autos como solía hacer para ganarse la vida, o quizás estuviera haciendo las tareas del colegio, o tal vez descansaba. No tenía celular porque en esos días muy poca gente los tenía. De cualquier modo, sonó el teléfono y alguien dijo que un tipo llamado Stipe quería hablar con él. Un grupo musical desconocido llamado R.E.M. necesitaba un vídeo para la primera canción de su nuevo álbum *"Sin tiempo"* (*"Out of time"*). Stipe había escrito la letra para un trozo simple de música de mandolina compuesto por el guitarrista del grupo, Peter Buck. La canción se llamaba *"Perdiendo mi religión"* (*"Losing my religion"*) aunque, según Stipe, no tenía nada que ver con religión y mucho que ver con obsesión y amor no correspondido. Aparentemente, el dicho "perder la religión" es un eufemismo en el Sur de los Estados Unidos que significa "perder la calma" o "ser grosero".

Como resultado de esa conversación telefónica Tarsem estuvo un día y medio en Georgia, charlando, pasando el rato y colaborando intensamente, y Stipe y Tarsem intercambiaron ideas sobre qué se esperaba del clip. El tiempo que los dos artistas pasaron juntos culminó en un vídeo brillante, icónico, que ganó varios premios de MTV Video Awards y también ganó el Grammy al Mejor Vídeo Corto.

La música y la letra eran excelentes, pero lo que completó totalmente la obra fue la parte visual del clip. Tarsem había decidido tomar el título en forma literal.

El vídeo da una sensación de pérdida irrecuperable. Una jarra llena de leche se cae desde el alféizar de una ventana y se rompe en mil pedazos. La leche se derrama por todo el piso. Hay imágenes tomadas de un cuento de García Márquez sobre un ángel viejo que se cae del cielo; hay un increíble grupo de figuras en *chiaroscuro* inspiradas por Caravaggio, y una interpretación gay de deidades indias (esto último, probablemente la contribución cultural de Tarsem). El angel viejo pierde su peluquín y todos se ríen, San Sebastián tiene las flechas pegadas con cinta aisladora. Entre las imágenes religiosas hay algunas fotos de afiches soviéticos. Otra religión perdida. La imagen que Tarsem transmite es una de decadencia, de realismo patético, y también de desilusión y engaño. El clip definitivamente da a la audiencia la sensación de una pérdida terrible. Stipe hace una danza extraña—muy *"hip"* en la década del noventa—sincroniza la letra con los labios, con versos finales tales como "Pero era todo un sueño, intenta, llora, por qué, llora/ Era todo un sueño, solo un sueño, solo un sueño/ Sueño".

De acuerdo a estimaciones tempranas, la banda podía haber vendido dos millones de copias. Vendió diez millones. La idea de perder la religión había literalmente resonado con los jóvenes escuchas del mundo occidental. En realidad, la noción de esa pérdida y la pérdida real no parecen haber sido tan horribles como sugiere la canción. El cristianismo parece continuar siendo el elemento esencial en el Occidente.

EL OCCIDENTE

¿Qué es el Occidente? Hablando de fenómenos actuales, Don Cupitt proporciona su idea de lo que es el Occidente: *"Este nuevo Occidente es algo como la culminación de la historia humana hasta ahora, ya que está marcado por la aparición de los primeros seres humanos totalmente emancipados—gente que sabe que ellos mismos son los únicos que crean su propia cosmovisión, sistemas de conocimiento, tecnologías y valores. Su mundo es puramente humano y laico. Su política es liberal democrática, su orden económico es de 'mercado social' o 'capitalismo guiado', y su ética es por sobre todo humanitaria. Defienden de los labios para afuera, por lo menos, los viejos ideales de la Revolución Francesa, 'libertad, igualdad y fraternidad', pero confiesan libremente que la realización de esos ideales en la vida de los países occidentales todavía está muy incompleta."* [1] Más adelante se vuelve atrás en eso de que *"su mundo es puramente humano y laico"* (y aquí es donde tiendo a estar de acuerdo con él): *"El Occidente moderno, explico, es el legado del cristianismo y en especial de dos doctrinas centrales: la creación y preservación del mundo por parte de Dios, y la encarnación defini-*

tiva y final de Dios en Jesucristo, el hombre." [2] Bueno, digo que *tiendo* a estar de acuerdo con él justamente por las palabras finales "la *encarnación* definitiva y final de Dios" en el hombre (¿en Jesús?). Según lo veo, el Occidente moderno tampoco está de acuerdo con la encarnación de Dios en Jesús. El Occidente moderno puede creer en Dios en cierto grado (quizás en Dios Padre), y cree en las enseñanzas de Jesucristo sin necesariamente creer que era Dios. De hecho, estoy casi seguro que el Occidente ha descartado generalmente esa noción, junto con el resto del dogma de la Iglesia. Por otro lado encuentro muy presuntuoso decir que Dios se haya encarnado definitiva y finalmente en la humanidad, si eso es lo que quiere decir.

A nivel individual, el Occidente es un estado mental. Autores como Miller y Kerouac y Hemingway, por ejemplo, son autores totalmente occidentales. De la misma manera, nadie puede negar que Nabokov, un ruso que vivió en Europa occidental, o Cortázar, belga de nacimiento pero latinoamericano hasta los huesos, también son autores occidentales. En términos de países y regiones, sucede algo así como lo que sucedía con el Imperio Romano, del que evolucionó: el Occidente está lejos de ser un bloque homogéneo. Hay gradaciones, hay matices dentro de una gama. Pero cuando hablamos de países occidentales, 'occidental' es sinónimo de 'avanzado'. Y—me parece—, también es posible decir que los países líderes en términos de progreso científico y tecnológico fueron mayormente protestantes o mezcla de protestantes y católicos. Culturalmente, Australia, Canadá y los Estados Unidos están definitivamente asociados al Occidente europeo. Hay países que históricamente se han mantenido como democracias liberales. Lo que los distingue de otros países es su cultura y tradiciones del Occidente europeo, que por supuesto incluye al cristianismo como uno de sus principales elementos históricos.

Si vamos a creer en encuestas y estadísticas, el Occidente está abandonando lentamente la religión organizada. Eso preocupa a la gente. En un artículo reciente publicado en el "Times" de Londres sobre el cristianismo en Inglaterra, Daniel Finkelstein daba una idea sobre la manera en que eso puede constituir un problema: *"La decadencia de la religión no es solo una liberación. También tiene un aspecto preocupante."* [3] Finkelstein resume su preocupación en unas pocas palabras: *"No digo que la caridad, la comunidad y el sentimiento hacia los demás sean imposibles sin la religión, solo que estamos viviendo en una época de grandes cambios y debemos apreciar dónde estamos."* [4] Lo que Finkelstein dice se aplica al Occidente en general. De acuerdo a este punto de vista, es una crisis occidental (y quizás con ello desee significar un período de incertidumbre entre dos períodos estables, una época en que hay que tomar una decisión, un cruce de caminos). Quizás las perspectivas no sean tan lúgubres como Finkelstein las pinta, pero existe una pérdida, y una sensación general de desencanto. Tom Holland nos dice: *"Aunque los bancos de sus iglesias se vean cada vez más vacíos, el Occidente permanece anclado, con toda firmeza, a su pasado cristiano."* [5] . Eso se puede ver claramente en Navidad, Epifanía, Semana Santa, etc. Muchos se quejan de que esas festividades se han transformado en algo comercial y, es verdad, hay una gran influencia comercial en ellas. Sin embargo, el espíritu está ahí. El individuo occidental, la familia occidental, sigue manteniendo una fuerte conexión con las enseñanzas de Jesucristo.

Don Cupitt explica: *"A medida que el cristianismo cumple con su histórica tarea grabando esto en nosotros, se seculariza en la cultura occidental —que más que nunca pertenece no solo a Europa o al "mundo de habla inglesa" sino a seres humanos en todo el mundo. Mientras el proceso continúa, el cristianismo antiguo de tipo eclesiástico deviene redundante y desaparece, pero el cristianismo culturalmente objetivado continúa y continuará sin detenerse hasta completar su tarea. Ya es mucho más total y generosamente católico que el "catolicismo" habría podido esperar jamás."* [6]

EL CRISTIANISMO, EL INDIVIDUO Y
EL OCCIDENTE

*C*uando escribo esto, me imagino un hombre sentado en su escritorio, cortando cuidadosamente una Biblia y pegando pasajes seleccionados en un cuaderno; el momento no es difícil de visualizar: principios del siglo XIX—1803 para ser preciso— y el hombre, alto, de facciones finas, está descansando de su pesado y ocupadísimo día de labor para dedicarse a su vida espiritual. Aunque en ese momento, según sus propias palabras, estaba "abrumado con otras cosas", Thomas Jefferson, tercer Presidente de los Estados Unidos, había decidido tomarse un descanso de sus deberes oficiales para producir su propia versión de los Evangelios.

Jefferson, una persona de raro y extraordinario conocimiento —inventor, autor, diseñador, arquitecto, granjero, diplomático, político, y estadista—estaba usando su inusual genio en el diseño de unos Evangelios que reflejaran sus propias creencias. Estaba muy interesado en las enseñanzas de Jesús, pero rechazaba todos los elementos sobrenaturales del Nuevo Testamento que consideraba irracionales, así que estaba sacando todos los pasajes que incluyeran milagros, apariciones de ángeles, el nacimiento virginal, la ascención de Cristo, menciones de Jesús como Dios, la Trinidad, etc., del libro. Lo tituló *La filosofía de Jesús de Nazareth, extraída del relato de su vida y doctrinas, según las presentaron Mateo, Marcos, Lucas y Juan; un resumen del Nuevo Testamento para el uso de los indios, libre de cuestiones de fe que vayan más allá de su entendimiento* (*The philosophy of Jesus of Nazareth, extracted from the account of his life and doctrines, as given by Matthew, Mark, Luke and John; being an abridgment of the New Testament for the use of the Indians, unembarrassed with matters of fact or faith beyond the level of their comprehension*). A pesar de este grandioso título, terminó guardando el libro para su uso privado. Diecisiete años más tarde escribió una edición mejorada, que incluía versiones del texto en latín, griego y francés. Se llamaba *La vida y moral de Jesús de Nazareth* (*The life and morals of Jesús of Nazareth*), y ahora se lo conoce como *La Biblia de Jefferson* (*The Jefferson Bible*).

Jefferson era un hombre supremamente racional, un hombre de la Edad de las Luces. Sus ideas resumen lo que en general parece ser la creencia cristiana en el Occidente: en la actualidad parecería que la mayoría de los occidentales tiende a seguir las enseñanzas morales de Jesús pero rechaza los acontecimientos paranormales que los Evangelios sugieren haber ocurrido durante su vida.

Es difícil mencionar a Jefferson sin tener que reconocer el lado más oscuro de su personalidad: era un rico propietario de esclavos que había tenido una prolongada relación con una de sus esclavas, la hermosa Sally Hemings, con quien tuvo seis hijos. Los niños hacían tareas domésticas en Monticello, la residencia de Jefferson, y permanecieron esclavos y lacayos hasta la muerte de Jefferson en 1823. Muchos lo juzgan como la persona que escribió la Declaración de la Independencia proclamando abiertamente su rectitud y su moral—cristiana o no—mientras sacaba provecho de la esclavitud y llevaba una doble vida con su esclava/concubina. Sus sentimientos de culpa y su arrepentimiento sobre Sally y los niños, y su inquietud en ese sentido, son mucho más fáciles de comprender si intentamos ponernos en la situación de una persona de los siglos XVIII y XIX, con todas las limitaciones morales que esa perspectiva implica. La esclavitud, el racismo y el sexismo eran generalmente aceptados, y tener una concubina no era gran cosa.

De cualquier manera, Jefferson continúa siendo un genio indiscutido, uno de los Padres de la Independencia de los Estados Unidos, un hombre que no podía aceptar los engaños religiosos de épocas anteriores y que tenía la mente selectiva, la fortaleza de carácter y la visión para publicar algo como *La vida y moral de Jesús of Nazareth*.

Dos siglos más tarde, en su libro *El significado del Occidente (The meaning of the West)*, Don Cupitt reitera las ideas de Jefferson y sugiere que ahora representan el cristianismo; el hecho de que las enseñanzas de Jesús, y no mucho más, constituyen la base de la moral occidental : *"... he venido sugiriendo que la visión cristiana post-metafísica, no teísta y radical del Reino de Dios ha triunfado en el Occidente actual."*[1]

Muchos en el Occidente parecen estar contentos de ver que el cristianismo doctrinario va desapareciendo en la lontananza. Con todas las decepciones que la Iglesia nos ha dado, es de entender. Pero en términos de la cultura religiosa también es un tanto simplista. Repetimos, sería imposible renunciar totalmente al cristianismo, como algunos ateos proponen con total inocencia, sin destruir la civilización occidental. El cristianismo es parte integral, no ya de nuestras costumbres morales y éticas, sino también de nuestro arte, de nuestra manera de pensar y de vivir. Y ello va más allá de nuestra historia, calendario, vacaciones y de los idiomas que hablamos. Sí, ha influenciado y continúa influenciando nuestra civilización con cosas buenas y malas. Se halla incorporado a cada célula de nuestro ser: no se puede erradicar sin matar al anfitrión. Pensar sobre el cristianismo como algo externo es, parcial y paradójicamente, resultado del cristianismo mismo.

Esta auto-identificación de los cristianos a nivel ADN es lo que Don Cupitt llama *'lo indeleble'*. *"En resumen, mantengo la opinión de que el Occidente postmoderno es el cristianismo secularizado. Desde la Época de las Luces, una gran cantidad de gente ha supuesto que uno puede rechazar el dogma cristiano y abandonar la Iglesia – y no tener más contacto con el cristianismo. Eso no es posible. Seguimos siendo lo que el cristianismo ha hecho de nosotros, y en muchos respectos el Occidente postmoderno es más cristiano que nunca. Si usted es occidental y está dedicado a mantener valores occidentales, usted es cristiano. 'Cruzado-zionista', por cierto, habría dicho el señor Bin Laden indignado, y estaría en lo cierto una vez más."* [2]

Estoy totalmente de acuerdo con la idea de Cupitt. Vivimos en una continuidad histórica que comienza con la Biblia y llega hasta la era actual.

La religión organizada se fue haciendo gradualmente obsoleta con el desarrollo del pensamiento crítico. La Edad de las Luces—como la conocemos—desafió gran parte de la irracionalidad del dogma cristiano. Como hemos visto, Thomas Jefferson tuvo la famosa idea de la *Biblia de Jefferson*, en la que suprimió todos los milagros y las revelaciones angélicas. Darwin probablemente le puso el último clavo a ese cajón. Los valores cristianos, sin embargo, continuaron en el Occidente, de manera secular pero impregnándolo todo.

En 1999, en su libro *El Lexus y el olivo (The Lexus and the olive tree)* sobre la globalización, Thomas L Friedman expresó un punto de vista extraordinario para un economista: dijo que el origen de todas las búsquedas de mejoras materiales para el individuo y la comunidad se remontaban al Libro del Génesis. Esas búsquedas, escribió, juegan un papel importante en el sistema de globalización. Presumiblemente, los países occidentales ofrecen un estilo de vida mejor que los de otros países. Lo que es innegable ahora es que muchos individuos (y a veces multitudes) cruzan fronteras buscando una vida mejor, y esas migraciones ocasionan tensiones. Muchos refugiados ansían los beneficios financieros del Occidente sin sacrificar ningún elemento de su cultura. El problema es que vivir en el Occidente requiere la aceptación de las libertades de los demás, lo cual es incompatible, por ejemplo, con el Islam, la cultura original de la mayoría de los refugiados.

¿Adónde vamos, entonces? ¿Qué fue lo que nos trajo a este punto? Todas esas preguntas requieren respuestas ... y extrañamente, muchas de esas respuestas se pueden encontrar en el Libro del Genesis. En la historia de nuestra civilización, la civilización más importante que el mundo ha visto, hay todo tipo de preguntas ocultas. Muchas de ellas tienen que ver con el cristianismo. Que creamos en Dios o no creamos no tiene la menor importancia. Lo que es importante es la manera en que esa creencia ha influenciado nuestro pensamiento como sociedad.

Como hemos visto, este libro trata el tema de la religión, pero no es en realidad sobre religión. No es teología. Entre otras cosas, y aunque lo haya repetido, es sobre la manera en que el cristianismo le ha dado forma a la cultura occidental (o es la cultura occidental). Este libro intenta rastrear vínculos entre las distintas búsquedas del significado de nuestra alma, o de nuestra conciencia, y el significado de Dios. La nuestra ha sido una historia llena de errores, elecciones equivocadas, líos, politiquería y engaño.

Hablar mal de la religión ha sido el deporte de moda por muchas décadas, y el tema ha atraído a muchos autores muy exitosos. Por cierto, gente como Dawkins y Hitchens que dedicaron y dedican su vida a una sola causa: por mucho tiempo la religión ha sido la enemiga del progreso, la enemiga de la ciencia. En la época de Internet, la religión parece ser un anacronismo, pero lo que muchos cientificistas y ateos parecen no entender es que el cristianismo es parte esencial de su paradigma. Son polos opuestos de una misma perspectiva filosófica, eso es todo.

Los antiguos griegos, los que originaron el pensamiento occidental, fueron grandes individualistas. Por medio de las elecciones, fueron los primeros en dar al individuo la facultad de elegir a las personas que lo iban a gobernar, la base principal de nuestra democracia liberal. La conexión entre el pensamiento griego y el cristianismo no es tenue. En realidad, es muy robusta. La Biblia llegó al Occidente en traducciones griegas. El motivo es que los judíos de la diáspora helenística (y "diáspora" es una palabra griega) hablaban más que nada griego. Muchos de ellos habían olvidado el arameo y el hebreo, los idiomas de sus padres. Esos judíos, y gran cantidad de gentiles, por supuesto, fueron los primeros en convertirse al cristianismo. Pero hay mucho más, hay un vínculo mucho más estrecho: San Pablo, el verdadero creador de la religión, como hemos visto, había nacido en la provincia helenística de Cilicia, hablaba griego y pasó sus años formativos en esa provincia. Obviamente estaba muy familiarizado con la idea del alma (*psyche*) según la percibían los pensadores griegos. El término se usa a menudo en el Nuevo Testamento. La idea era relativamente ajena a los hebreos. La Biblia judía hace referencia al alma a veces, pero el significado es totalmente distinto. La idea que ellos tenían del alma estaba más relacionada con la vida, con el hálito de vida que Dios le da a Adán, por ejemplo, y la palabra hebrea (*nephesh*) tiene connotaciones que no tienen que ver con el alma según la entendieron los griegos y los cristianos. Cuando San Pablo regresó a Palestina, interpretó la Biblia judía de una manera muy griega. En resumen, el cristianismo es el resultado del casamiento de la tradición hebrea con el pensamiento griego.

Es hora que el Occidente se dé cuenta de que el cristianismo tenía que existir para que la ciencia y la tecnología, y la cultura occidental en general, se desarrollaran de la manera en que lo han hecho. Esto no es una vindicación ni una apología del cristianismo doctrinario. Como sucede a menudo en la historia, no había un proyecto; no hubo un deseo de que las cosas ocurrieran como ocurrieron. El cristianismo estaba ahí en ese momento. Y sucedio que sus fundamentos filosóficos eran buenos para la observación del tipo requerido por la ciencia. Y, oh sorpresa ... el concepto de 'individuo' era un elemento central de la religión de la que parece haber resultado el Occidente.

En el pensamiento occidental, la ciencia y la filosofía tienen trayectos casi paralelos en que ambas se basan en la observación de la naturaleza. El observador tiene que ser externo al objeto observado. Éste un principio de filosofía aristotélica. De acuerdo a ese principio, la realidad es observable y es objetiva.

Ese gran invento de la mente occidental, la realidad objetiva, resultó de una cultura en que los individuos eran testigos del universo que los rodeaba. Su piel era lo que los separaba de todo lo 'extraño' que podía ser observado, analizado y entendido.

Originalmente los filósofos griegos fueron los grandes observadores de la realidad, pero el concepto de conciencia individual que se iba a apoderar del Imperio Romano vendría del cristianismo.

Antes de que los romanos fueran los dueños virtuales del Mediterráneo y de que Constantino hiciera del cristianismo la religión del imperio, el idioma usado por los filósofos y también por las élites romanas era el griego. Julio César hablaba griego y Marco Aurelio escribió sus *Meditaciones* en griego. Para principios de la Edad Media, sin embargo, los textos griegos habían casi desaparecido en el Occidente y solo había disponibles traducciones parciales de filosofía griega. Las obras originales de los filósofos griegos solo se podían encontrar en Bizancio.

Hay diferentes versiones de lo que pasó después, una es que los árabes del califato abasida de Bagdad se interesaron en la filosofía para su información y comisionaron a traductores cristianos que tradujeran los clásicos griegos al árabe. Según esa versión, Aristóteles regresó a Europa Occidental de una manera más bien indirecta: el interés en traducciones latinas de Averroes —un musulmán andaluz que escribió comentarios sobre las obras de Aristóteles— resultó rápidamente en un renovado interés en todo lo que fuera griego. Otra versión, quizás más lógica, es que el pensamiento griego fue descubierto a través de Venecia, cuando la *"intelligentsia"* bizantina escapó de la atroz invasión turca. Fue el comienzo de lo que ahora conocemos como el "Renacimiento", ese nuevo despertar de la cultura. De cualquier manera, en la Europa Medieval, después del redescubrimiento de Aristóteles, uno de los mayores entusiastas de la filosofía aristotélica fue Tomás de Aquino—el filósofo cristiano más importante de todos los tiempos. Sus enseñanzas combinadas se conocen como aristotélico-tomistas. La ciencia moderna se desarrolló sobre la base del pensamiento aristotélico-tomista.

La ciencia moderna requiere la predictabilidad y estabilidad del mundo físico que se hizo aparente a través de preguntas de estos dos filósofos. Las ideas nominalistas de William de Occam, otro fraile medieval, le dieron a la ciencia su base filosófica más importante.

En ese sentido, Don Cupitt nos dice: *"Dios promete que el mundo natural se mantendrá constante y estará regido por leyes; luego, por medio de un gran profeta, otorga a los seres humanos el sistema jurídico sagrado por el que se tendrán que regir. Así Dios da a los seres humanos una cosmología organizada, y por lo tanto les permite participar en su propio conocimiento y les deja entender el orden creado."* [3]

La ciencia necesita que la naturaleza esté ordenada de acuerdo a leyes. Necesita que alguien observe la naturaleza desde afuera. Desde ya: la "realidad objetiva". La teoría de la gravedad de Newton se basa en realidad objetiva. La teoría de la evolución de la especie de Darwin se basa en realidad objetiva. Toda la ciencia se basa en ella.

Al comienzo, el individuo se encontró inmerso en este increíble universo que era muy difícil de entender. La curiosidad y el estudio metódico hicieron el resto.

La primera religión monoteísta, el judaísmo, ofrecía algunas respuestas sobre quién era el creador del universo, cómo comportarse en sociedad, qué se esperaba del individuo, pero no ofrecía ningún tipo de esperanza al momento de la muerte. Había que estar contento con la vida en este mundo. Después de eso no había nada. El cristianismo adoptó la base del judaísmo pero le agregó un alma individual que nunca moriría. Eso marcó un punto de inflexión.

Los egipcios creían en la vida después de la muerte en un sentido físico, de ahí la momificación. El cristianismo introdujo un nuevo tipo de esperanza por medio de la noción del alma inmortal individual. Había un más allá y el individuo podría disfrutar de él para siempre. Antes del cristianismo, el individuo nunca había recibido tanta atención. Al dársela, el cristianismo fomentó, de manera original, única e increíble, la individualidad que, como hemos visto, es un elemento exclusivamente occidental. Se podría hasta sugerir que el cristianismo "inventó" la noción del individuo, algo así como cuando los trovadores de Provenza "inventaron" el amor romántico. Algunos pensarán que esto es una exageración pero, si no es totalmente real está muy cerca de serlo. El amor romántico (y la exaltación de la mujer como ser superior) es también un fenómeno exclusivamente occidental y cristiano.

EL CRISTIANISMO Y LA CREACIÓN
DEL ALMA INDIVIDUAL

*H*emos hablado de ciencia y filosofía. Sabemos que la ciencia—ese derivado de la superstición—evolucionó a través del razonamiento analítico (otra vez, junto con la filosofía, la otra disciplina del pensamiento occidental). Sí, la ciencia y la filosofía tuvieron un desarrollo increíble durante el Renacimiento y la Edad de las Luces, fueron muy influenciadas por el cristianismo, y finalmente produjeron una fórmula económica que resultó en el crecimiento y desarrollo del Occidente.

Originalmente el Oriente hizo alguna contribución a la ciencia pero, en general, el desarrollo más importante de la ciencia y la tecnología ocurrió en el Occidente. Podemos decir con cierto grado de certidumbre que dicho desarrollo continuó con la tecnología, y luego con la revolución industrial y el capitalismo, tal como los conocemos hoy en día. Max Weber lo explicó en detalle en *La ética protestante y el espíritu del capitalismo* (*The Protestant ethic and the spirit of capitalism*). Sin embargo, Weber creía erradamente que la cultura occidental había comenzado a enfatizar el individuo solo después de la Reforma de Martín Lutero en el siglo XVI. Aunque eso tiene algo de verdad, la Reforma no apareció por generación espontánea; no fue un fenómeno aislado; como ya hemos analizado, el énfasis en el individuo empezó con la promesa de San Pablo de salvación individual en Jesucristo. Nadie había considerado antes la relación del individuo con Dios. Un esclavo, una mujer, una prostituta podían compartir el cielo con Dios y lo único que necesitaban para hacerlo era ser cristianos. Ésa era una idea paulina única, que aplicó cuando malinterpretó —o tergiversó dirán algunos— el mito del Paraíso Terrenal y retroadaptó su increíble idea de redención cristiana al mito judaico.

Al analizar el surgimiento del individualismo en Europa occidental, los que solo enfatizan a Martín Lutero tienden a ignorar fenómenos de mayor importancia que lo precedieron, sin los cuales su revolución eclesiástica hubiera sido imposible. El Renacimiento, centrado en Florencia, que surgiera muchas décadas antes que él, puso un indudable énfasis humanístico en la belleza e independencia individuales, y creó un magnífico sistema bancario y una infraestructura mercantil centrada en los burgueses que resultó en el crecimiento de la economía de mercado en la Europa medieval (¿el nacimiento del capitalismo?). La imprenta con tipos mecánicos movibles inventada por Johannes Gutenberg en 1439, es decir, casi un siglo antes de Lutero, fue sin duda esencial para la Reforma, no un resultado de la misma.

En todo caso, si analizamos la evolución del pensamiento occidental, el hecho de que la fe cristiana jugó un papel importante en el mismo es algo de lo que no se puede escapar.

Hoy en día, excepto por algunos fundamentalistas, todos aceptan la evolución como un hecho. Gracias a Darwin y a los científicos que lo siguieron, sabemos que somos primates evolucionados.

Aristóteles definió al ser humano como *'zoon politikon' ('animal social')*. Muy claramente, durante su vida, la idea de la separación entre humanos y animales todavía no había sido introducida. Es obvio que hasta entonces los griegos habían considerado que la conciencia (*psyche*) era algo que adquiríamos de alguna manera, pero no algo que nos hacía, por ejemplo, diferentes de otros mamíferos. Estamos en el siglo XXI y, sin que importen los avances de la tecnología, ese sentimiento cristiano de separación se mantiene firme entre ciertos creyentes. Se hace muy difícil pensar que somos animales, a pesar de los esfuerzos de Hitchens (que solía referirse a los seres humanos como "mamíferos"). ¿Cómo sucedió eso? ¿Por qué es tan persistente esa idea de separación? ¿Cuándo decidimos eso? Ésas son algunas de las preguntas que hemos estado analizando.

Veamos: los seres humanos se separaron físicamente de los animales salvajes cuando empezaron a vivir en pueblos o ciudades. Aunque algunos habitantes de ciudades cazaban, sus vidas diarias ocurrían dentro de los confines de las ciudades.

La urbanización empezó hace entre 8 y 10.000 años, con ciudades como Mohenjo-Daro y Jericó; las partes más importantes de la Biblia judía fueron presumiblemente escritas ,o recopiladas, aproximadamente en 700 AC, siglo más, siglo menos, (el Nuevo Testamento probablemente fue escrito y recopilado antes de 120 AC). Como hemos dicho antes, si uno interpreta la *Tanaj* y la analiza reflexivamente, queda muy claro que dice repetidamente que somos animales que hemos evolucionado y nada más que animales, así que el comienzo de la urbanización no fue el momento en que se supone ocurrió la separación humano/animal.

El hecho de que un ser humano fuera deificado significó por cierto que eramos muy especiales, pero la deificación de Jesucristo en el Primer Concilio de Nicea tampoco fue el momento en que apareció esa idea de separación. Ya había habido deificaciones y apoteosis en Grecia y Roma, y las de muchos faraones. Nicea fue más consecuencia que causa, si se quiere. Fue el resultado de más de trescientos años de incubación.

La conversión de San Pablo a la pequeña secta judía carismática de Jesús de Nazareth fue probablemente el comienzo del proceso. Con mayor exactitud, lo que generó todo parece haber sido la interpretación, seminal pero caprichosa, que Pablo hizo del Libro del Génesis. Se suponía que esa interpretación agregaría "espiritualidad" a una religión cuyo momento y finalidad ya habían sido superados. El antiguo judaísmo, la religión de los saduceos cuando Judea era una provincia romana, la religión del Templo, con sus límites, autoimpuestos y tribales, necesitaba un inmenso cambio para transformarse en la nueva fe universal que terminaría siendo la religión oficial del Imperio Romano.

Pablo fue el primero en tratar el tema del alma humana como un fenómeno distinto del resto de los animales. El cristianismo la introdujo. Así que, podemos decir, el judaísmo creía en una —quizás menos drástica—versión de la evolución de la especie.

Tal vez podamos decir también que, hasta Darwin, nadie había desafiado la interpretación cristiana del Libro del Génesis, con sus muchos acertijos sin descifrar y su influencia filosófica sobre el Occidente. El desafío de Darwin al dogma cristiano de la creación llegó de manera totalmente separada de la religión, por medio del razonamiento científico y como consecuencia de la curiosidad. Lo que es sorprendente, es que solo Isaac Asimov intentara un análisis profundo y racional del Libro del Génesis, aunque no haya querido ser una exégesis. El libro era *En el comienzo* (*In the beginning*). Lo escribió en 1981. También estuvo La Peyrère, siglos antes que él, pero sus conclusiones no fueron tan lógicas.

De acuerdo a la interpretación paulina del Genesis, las especies fueron declaradas immutables. Los seres humanos habían sido originalmente inmortales (!) y se habían hecho mortales como consecuencia del castigo por el Pecado Original. Pero especialmente—se decidió entonces—habían sido creados separados de otros animales y poseían un alma individual que era inmortal, una de las consecuencias de lo cual fue la exaltación del individuo humano con su conciencia personal. La importancia de la innovación paulina en cuanto al alma individual es algo que no puede seguir ignorándose. El individualismo es, desde ya, una de las bases de la civilización occidental. Sería lógico entonces, aventurar que la interpretación cristiana de la *Torah* —mucho antes que la Reforma—fue el evento histórico que posibilitó la cultura occidental.

Siglos más tarde, siguiendo los pasos de San Pablo, gente como Policarpo, Clemente, Ireneo, Alejandro y Agustín—los Padres de la Iglesia—tomaron decisiones con respecto al cristianismo que se transformaron en su dogma: eligieron lo que se incluiría en la Biblia cristiana (la canonización de ciertos textos) y cómo se interpretaría la *Torah*.

En la época de sus comienzos, la Iglesia persiguió todas las otras versiones de cristianismo que no fueran la propia: lo que la Iglesia llamó "herejías". Esas épocas fueron mal llamadas la Edad Oscura o la Edad de las Tinieblas. Casi desapercibidas aparecieron la astrología y la alquimia en la escena. Se desarrollaron como astronomía y química e influenciaron otras disciplinas. La ciencia surgió lentamente de la niebla de la superstición.

El estilo de vida occidental fue apareciendo de una manera extraña. Hubo como una danza, en la que la religión, la filosofía, el arte, y finalmente la ciencia, actuando como algo muy parecido a las cuatro bases del ADN occidental, se entrelazaron para formar la doble hélice de nuestra cultura.

Si se lee la *Tanaj* detenidamente, se hace evidente que los hebreos (como sucedería muy probablemente con otros pueblos de la antigüedad) sabían, descartaban, o tal vez sospechaban, que eran tal cual como los otros animales, que eran primates. O por lo menos desconocían ser otra cosa. Eran primates que llevaban ropa, hacían herramientas y podían hablar. No había otra realidad. ¿Por qué los humanos estarían separados del resto cuando tenían tantas cosas parecidas a los otros animales, cuando había tantos indicios de que no eran distintos? Desde ya, la separación era algo totalmente opuesto a la intuición. Casi podemos decir que la religión monoteísta original, la religión de los saduceos y del Templo —la que proporcionó la base al judaísmo moderno, al cristianismo y al Islam— coincidió con Darwin en cierto modo. Si los hebreos introdujeron la idea de que, en algún momento, los seres humanos habían descubierto su propia conciencia (el Árbol del Conocimiento del Bien y del Mal) la idea de evolución de las especies, quizás en forma embriónica, ya existía para ellos. Entonces San Pablo introdujo la noción platónica del alma inmortal individual. Los seres humanos quedaron oficialmente separados del resto de la naturaleza —¿quizás un error, o un engaño? — de cualquier manera, algo que ayudó a fomentar la espiritualidad en el Occidente. Una mariposa había movido las alas y eso crearía una inmensa tormenta.

Otras culturas habían imaginado el más allá de manera más pedestre. Los egipcios, según dijimos, estaban obsesionados con la muerte y lo que venía después de ella. En su caso, esa noción no fue tan imaginativa. Era básicamente más materialista que la del cristianismo. La idea de un más allá eterno fue lo que generó el crecimiento de una pequeña secta judía hasta transformarla en una religión universal. La idea del alma individual fue definitivamente la creadora del Occidente como lo conocemos hoy en día, lo que obviamente incluyó la Revolución Industrial y el capitalismo.

DIOS COMO POSIBILIDAD

En el Occidente tenemos dos alternativas que involucran una visión externa, analítica del universo: a) la religiosa dice que Dios nos ha dado un alma y nos ha puesto a cargo del universo; b) la científica, el otro polo del paradigma, es que no hay Dios pero que el universo sigue siendo un objeto externo de estudio que debemos conquistar.

Robert Wright nos deja entrever que hay una tercera alternativa, esta vez una que, sin ser antropocéntrica, parece incluir a los seres humanos como parte integral, y activa del universo: *"Por un lado, creo que los dioses surgieron como una ilusión, y la historia ulterior de la idea de dios es, en algún sentido, la evolución de una ilusión. Por otro lado: (1) la historia misma de esa evolución señala la existencia de algo que podría significativamente llamarse divinidad; y (2) la 'ilusión', en el transcurso de su evolución, se ha optimizado de tal modo que se ha acercado a la verosimilitud. En ambos sentidos, la ilusión se ha hecho menos y menos ilusoria."* [1]

Si entiendo esto correctamente, lo que Wright parece decirnos es que, aunque hayamos estado mirando el asunto desde una perspectiva totalmente retorcida, el hecho de haber creado un holograma de Dios puede constituir—de por sí—la existencia de Dios.

Hace algunos años, Stephen Hawking pontificaba que Dios era innecesario.

La observación de Hawking parece estar dirigida al antropocentrismo del cristianismo doctrinario. El asunto no es si necesitamos o no a Dios. La presunción quizás deba ser que Dios podría estar ahí aun si no lo necesitamos. La existencia de una deidad como el Dios de las Luces nos daría por lo menos un propósito, cosa que el Boson de Higgs jamás podría hacer con su explicación aleatoria de la creación del universo. Lo que fue innecesario, yo le diría al Profesor Hawking, fue el engaño—cuidadosamente elucubrado y manufacturado por años—que la Iglesia agregó al mensaje de Jesús.

El quid de la cuestión es que una vez que el engaño del cristianismo organizado se hubo descubierto, una vez que supimos que las cosas no eran como nos habían dicho que eran —el ángel con la peluca—era imposible volver a la inocencia primigenia de Adán y Eva, digamos. El aspecto del cristianismo que no se puede negar es que es parte inmanente del Occidente y que el Occidente no puede renegar de él, aun si quisiera. Ese aspecto es lo que ha provisto la base ética y moral de nuestra cultura. La ciencia no ha podido rebatir una cantidad de posibilidades propuestas por el cristianismo. Un ente desconocido, más allá de nuestro entendimiento puede haber creado el universo. El universo puede tener propósito. La conciencia es un misterio tan grande para la ciencia como lo es para la religión. Seguimos descubriendo. Wright propone: *"... pero siempre alguna noción de la divinidad ha sobrevivido el encuentro con la ciencia. La noción ha tenido que cambiar, pero eso no se toma como una crítica de la religión. Después de todo, la ciencia ha cambiado sin cesar, revisando y aun descartando viejas teorías, y nadie piensa en eso como algo negativo para la ciencia. Al contrario, pensamos que esa constante adaptación está haciendo que la ciencia se acerque a la verdad."* [2]

Una conciencia colectiva, tal como la que Spinoza y varios otros han propuesto —aparte de proporcionar una base lógica para la realidad objetiva— es muy compatible con el concepto del Espíritu Santo. Y, sin duda, las enseñanzas de Jesús, el hombre, nos han orientado durante dos milenios de civilización occidental. Quizás éste sea el momento de separar el trigo de la paja. Las enseñanzas de Jesucristo son, y siempre han sido, todo lo rescatable. A mi modo de ver constituyen el sistema operativo de la cultura occidental.

CONCLUSIÓN

Hemos visto como el mundo moderno, con su ciencia y su tecnología—mayormente ideadas y construídas en el Occidente—es resultado directo del cristianismo.

Algo todavía más paradójico es que la secularización del mundo también parece haber surgido de las enseñanzas cristianas.

En la *Introducción* digo, entre otras cosas, que el individualismo moderno, el capitalismo, las instituciones democráticas e internacionales, la globalización, la economía de mercado, los derechos civiles y el laicismo—en suma, todo lo que significa el Occidente— son resultado directo del cristianismo. Sin el cristianismo, ninguna de esas instituciones podría haber existido. Más que una paradoja, eso parece incluir algo inverosímil o improbable. ¿Un ateísmo cristiano? … un oxímoron, una contradicción en términos. Quizás los cientificistas deseen negarlo. Mi idea, sin embargo—a partir de la interpretación paulina del mito de Adán y Eva— es tan inverosímil o improbable como el hecho de que un ser humano pueda haber surgido de una ameba. Es todo una cuestión de evolución. Y de interpretación.

El cristianismo rompió con todos los cánones religiosos de su época. Las religiones primitivas eran exclusivas, es decir, nacionales o tribales. Además, reflejaban la dinámica social del momento. La justicia era retributiva. El que hacía algo contra la sociedad debía pagar por ello en forma mimética. Se aplicaba la Ley del Talión, o sea que se retaliaba: "ojo por ojo y diente por diente". En términos religiosos, la violencia comunitaria se dirigía hacía una sola víctima inocente. Se hacía un "sacrificio", es decir que se sacralizaba esa especie de venganza singularizada en un rito por el que se expiaba la falta o el pecado que se hubiese cometido. Cristo enseñó a "poner la otra mejilla" y Pablo, a su vez, hizo que el Hijo del único Dios del judaísmo fuera, Él mismo, Dios y también víctima.

Lo que Pablo hizo fue demostrar algo que debía haber sido evidente pero que no lo era en las religiones arcaicas: que el sacrificio significaba una violenta injusticia. Hasta ese momento las religiones habían buscado chivos expiatorios sin entender demasiado porqué lo hacían. El cristianismo, tornándose en contra del Templo, de los saduceos, evidenció que la víctima era inocente (como Jesucristo lo era) y que el orden religioso necesitaba un cambio radical. La violencia contra la víctima era innecesaria. La radicalización no violenta de la religión se reflejó en una nueva visión del orden social. Ese fenómeno, exclusivo del cristianismo, fue el comienzo del mundo que conocemos en la actualidad.

Al principio de este libro hablo de que la polémica siempre se ha dado sobre la base de que el relativismo, la aceptación, la inclusividad, la lógica, son todos atributos del mundo laico, mientras que se da por sentado que la religión es conservadora, hegemónica y totalitaria; de que la fe religiosa es obscurantista por definición. Es verdad que el raciocinio y el cristianismo no siempre han sabido convivir y crecer juntos.

La creencia generalizada es que el cristianismo y la ciencia son conceptos antitéticos, elementos de distintos paradigmas. Lo que he propuesto en este libro es que son elementos de un mismo paradigma, que podríamos llamar "occidental y cristiano" y que la ciencia, tal como se ha desarrollado en el Occidente, no podría haber existido sin un fundamento cristiano.

Todavía existe la idea de que la Iglesia, organización todopoderosa, se interpuso en el camino de la ciencia e hizo lo imposible por detener su avance. Lo que ahora no se recuerda es que la Iglesia fundó muchas de las universidades europeas y que durante la Edad Media la mayoría de los científicos eran monjes, especialmente porque los libros eran a menudo propiedad de los monasterios, en cuyas bibliotecas se guardaban y copiaban. En la Edad Media había una metáfora de que se podía llegar a la mente de Dios de dos maneras, una era a través de las Escrituras, y la otra era estudiando el libro de la Naturaleza.

Es obvio que la Iglesia ha mantenido algunas partes comunes a las religiones arcaicas y que no ha hecho todo lo que podía haber hecho hacia un mayor avance de la humanidad. Hasta la Edad de las Luces, lamentablemente las condiciones no fueron muy propicias. Según Girard: *"... la Edad de las Luces fue un punto de inflexión histórico en que la parte cristiana y occidental de la humanidad se dio cuenta de que el mundo estaba cambiando, que la gente era más libre, que había mayor posibilidad de acción para el ser humano... Pero se afianzó la errónea creencia de que todo eso era producto de las acciones de seres humanos, de individuos geniales o del genio de la especie humana en general."*[1]

Yo no estoy de acuerdo totalmente con Girard. Creo que la Iglesia es solo la faz oficial del cristianismo, la religión organizada que necesita directivas y prohibiciones. Eso tiene un valor relativo. Los extremos más visibles de ese tipo de realidad son el judaísmo ortodoxo y el islam, mucho más prescriptivos que el cristianismo o el judaísmo rabínico. Por supuesto necesitamos de una moral y una ética. Desde mi punto de vista, sin embargo, el ser humano se nutre de amor y caridad y resiente las restricciones, especialmente cuando éstas son totalmente arbitrarias y se oponen al goce de la vida. El verdadero cristianismo no pretende excusar la naturaleza humana sino redimirla. No cabe duda, el cristianismo exige tener fe en el ser humano.

Por supuesto, para compartir nuestras existencias en sociedad, para el buen comportamiento ("con + portamiento"), necesitamos normativas y, hasta cierto punto, alguna prescripción pero, más que nada, preceptos.

Desde mi punto de vista, las normas previstas por la legislación laica, con todo su fundamento cristiano, parecen ser suficientes para el funcionamiento de la sociedad occidental.

Si escuchamos a Girard: *"En ese sentido, se nos está haciendo cada vez más claro que la religión derrota a la filosofía y la sobrepasa. De hecho, hay varias filosofías que están prácticamente muertas, sus ideologías, prácticamente difuntas. Las teorías políticas están llegando a su fin; y la fe en la ciencia como substituto de la religión es por cierto, a esta altura, una fe vacía de contenido. Se nota una nueva necesidad de religión."* [2]

No comparto totalmente, pero entiendo que hay algo de verdad en lo que dice. En realidad, siento que lo que quiero decir está más cercano a Vattimo: *"... hoy en día hay un regreso a la religión porque la gente se ha dado cuenta que todas las formas de conocimiento que se consideraban definitivas han resultado depender de varios paradigmas históricos, de varios tipos de condicionamiento – social, político, ideológico y así por el estilo. Ya no podemos decir que como la ciencia no sabe nada de Dios, Dios no existe."* [3]

Lo que veo no es un regreso a la religión organizada como tal, sino una mayor aceptación de la posibilidad de la deidad. Es decir, que un intelectual o un científico pueda afirmar su creencia en un deísmo como el de Voltaire sin ser totalmente rechazado por sus pares. Esa mayor aceptación de un cristianismo jeffersoniano, de una Biblia sin milagros ni fenómenos sobrenaturales —totalmente inaceptables al conocimiento sofisticado de hoy en día— es, creo yo, una prueba de que el cristianismo occidental ha evolucionado hacia su fase cultural.

Esa tercera etapa del cristianismo que barruntó—que profetizó—Joaquín de Fiore, la Edad del Espíritu Santo, cuyo embrión racional ya se hallaba presente en Saulo de Tarso, es la realidad que vivimos. Un cristianismo de preceptos más que prescripciones, un cristianismo no ya diluido sino presentido, lógico y antidogmático.

Pareciera, entonces, que el Occidente—ahora dispuesto a compartirlo todo con el resto del mundo—se basa en un fundamento histórico sólido e inclusivo, y que el cristianismo más que sobrevive en sus instituciones.

EL ESPÍRITU SANTO

RECONOCIMIENTOS

Como nos pasa a todos los que escribimos algo, siempre hay que agradecer a alguien por habernos aconsejado—por su trabajo, por su tiempo. En el caso de *El Mito de Adán y Eva* tengo que agradecer a Inés primeramente, como pongo en la dedicatoria, por haber aguantado mi locura, por haber leído el original en inglés y después esta versión en castellano. Por haber hecho sugerencias sumamente útiles, y por haber escuchado en incontables oportunidades mis soliloquios, mis lecturas en voz alta, y por haberme ayudado a leer las pruebas.

También quiero agradecer a Anni Boerr, amiga y compañera de la escuela secundaria, que no solo tuvo la gentileza y la buena voluntad de leer el manuscrito en castellano, sino que me recomendó otras posibles lectoras y críticas, por lo que le estoy eternamente reconocido.

Las lectoras, también amigas y compañeras, tuvieron la paciencia de leer y hacer sugerencias, cosa que me resultó valiosísima. Muchas gracias, Pethie Hall, Tina Echazarreta y Chichita Giraldez.

Mis hermanos, Patocho y Queque Pintos-López, leyeron partes del original y de esta versión. Zoe McKenzie, Robyn Dwyer y Rod Haedo también leyeron partes de la versión en inglés. A ellos también va mi agradecimiento.

ÍNDICE

A

Abel, 41, 49

Abraham, 7, 63, 72, 82, 95

Ahaz, 15

Alejandría, Alejandro de, 105, 115, 116, 122, 123, 187

Alejandría, Arrio de, 102, 111, 112, 113, 117, 118

Alejandría, Atanasio de, 106

Apuleyo, 76

Aquino, Santo Tomás de, 69, 70

Argensola, Lupercio Leonardo de, 67

Aristóteles, 58, 62, 69, 130, 180, 184

Arrianismo, 4, 111

Asimov, Isaac, 30, 41, 42, 45, 47, 48, 57, 186

Aslan, Reza, 48, 76, 80, 81, 83, 87, 91, 97, 98, 118, 141, 153

Averroes, 180

B

Barrabás, 87

Bhagwan, 79

Bizancio, 180

Botton, Alain de, 132, 143, 158, 161

C

Caifás, 86, 87

Caín, 4, 41, 42, 46, 49

Calvino, Juan, 108, 140, 156

Caravaggio, 167

Carlos V, 124

Concilio de Nicea, 4, 48, 104, 111, 112, 114, 116, 119, 185, 186

Consejo de Jerusalén, 96, 97

Constantino, 4, 99, 114, 115, 116, 117, 118, 120, 180

Cortázar, Julio, 27, 170

Cristo. *Ver* Jesús

Cupitt, Don, 127, 133, 169, 171, 174, 175, 176, 181

D

Darwin, Charles, 5, 55, 106, 143, 144, 145, 146, 147, 148, 149, 150, 152, 157, 176, 181, 184, 186, 188

Darwin, Erasmus, 144

David, 14, 16, 82

Dawkins, Richard, 59, 109, 131, 135, 136, 138, 140, 141, 142, 151, 177

de Fiore, Joaquín, 121, 197

Denisovanos, 46, 47

Desmond, Adrian, 148

Dhandwar, Tarsem Singh, 166

Diocleciano, 99, 114

E

Enrique VIII, 140, 156

Esaú, 63, 64

esénios, 90

Espíritu Santo, 74, 75, 82, 84, 107, 113, 121, 139, 159, 164, 192, 197

Ezequías, 16, 17, 18, 19, 20, 21, 62, 102

Ezra, 31

F

fariseos, 90, 91, 93, 108

Friedman, Thomas L., 176

Fromm, Eric, 130, 133

G

Gardner, Allen & Beatrix, 45

Girard, René, 195, 196

Grayling, A.C., 134, 141

Greenblatt, Mark, 154

Greenblatt, Stephen, 23, 42, 52, 56, 60, 145, 146, 153

H

Hammurabi, 19

Hawking, Stephen, 190

Hemingway, Ernest, 170

Herodes, 74

Hitchens, Christopher, 55, 59, 152, 153, 154, 159, 160, 162, 163, 164, 177, 185

Hobbes, Thomas, 39, 132

Holland, Tom, 140, 149, 171

Homero, 25

Homo Erectus, 32

Homo Sapiens, 32, 33, 38, 40

Huxley, Thomas, 152

I

Ireneo, Obispo de Lyon, 50, 105, 187

Isaac, 57, 63, 82, 95, 186, 200

J

Jackson, "Stonewall", 158

Jacob, 63, 64, 82

James, Craig A., 137, 138, 200

Jefferson, Thomas, 172, 173, 174, 176

Jeroboam, 14

Jesús, 4, 9, 10, 48, 51, 67, 68, 70, 72, 73, 74, 75, 77, 78, 79, 80, 81, 82, 83, 84, 85, 86, 87, 88, 90, 91, 92, 94, 95, 96, 97, 100, 101, 103, 104, 105, 109, 111, 112, 113, 116, 117, 118, 119, 120, 121, 135, 137, 144, 169, 172, 173, 174, 186, 191, 192

judaísmo carismático, 90, 94, 95, 96

judíos carismáticos, 91

Julio César, 180

K

Keane, Bernard, 125

Kerouac, Jack, 170

L

La Peyrère, Isaac, 42, 187

Lee, Robert E., 158

Licinio, 114

Lot, 63

Lucrecio, 61, 62, 144

Lutero, Martín, 4, 68, 108, 121, 122, 123, 124, 125, 126, 140, 156, 183, 184

M

Mahoma, 56

Malraux, Andre, 102

Marco Aurelio, 180

Marduk, 19

Medici, Lorenzo de, 122

Metaxas, Eric, 125

Miller, Henry, 170

Mirandola, Pico della, 122

Moisés, 4, 7, 12, 13, 14, 28, 97, 109, 111, 162

Moore, James, 148

Moser, Stephanie, 64, 65

N

Neanderthales, 46, 47

O

Origen. *Ver* Adamantios, Origen

Osho. *Ver* Bhagwan, *Ver* Bhagwan

Osio, Obispo de Córdoba, 114, 115, 116, 119

P

Pablo. *See* San Pablo, *Ver* San Pablo, *Ver* San Pablo, *Ver* San Pablo

Pagels, Elaine, 105, 107

Papa Alejandro VI, 123

Papa Francisco, 55, 127

Papa León X, 124

Pecado Original, 50, 52, 59, 60, 76, 77, 106, 108, 187

Pell, George, 156

Platón, 58, 68, 69, 93

Poncio Pilatos, 87

R

Rehoboam, 14

Rubenstein, Richard E, 99, 111, 116, 117, 118

S

saduceos, 69, 90, 91, 95, 99, 186, 188, 194

Sagan, Carl, 30

Salomón, 14, 16

San Agustín, 34, 36, 50, 60, 108, 140, 187

San Jerónimo, 60

San Juan, 4, 63, 74, 75, 76, 77, 81, 83, 84, 88, 90, 91, 94, 104, 105, 108, 109, 110, 113, 173

San Juan Bautista, 4, 63, 74, 75, 76, 90, 109

San Juan Evangelista, 80

San Lucas, 74, 75, 79, 80, 81, 82, 83, 84, 104, 105, 173

San Marcos, 76, 80, 81, 85, 86, 87, 104, 114, 173

San Mateo, 80, 81, 82, 83, 104, 173

San Pablo, 4, 6, 9, 22, 23, 34, 36, 48, 50, 51, 53, 54, 56, 58, 60, 65, 67, 68, 69, 70, 71, 72, 74, 78, 90, 94, 95, 96, 97, 98, 99, 100, 103, 104, 117, 126, 137, 143, 146, 178, 183, 186, 187, 188

San Pedro, 86, 88, 96, 98, 157

San Policarpo, 187

San Sebastián, 167

Santa Magdalena, 88

Santa María, 74, 82, 88

Santiago, 96

Saulo de Tarso. *Ver* San Pablo

Savonarola, Girolamo, 122, 123, 124, 125

Shalmaneser III, 15

Spinoza, Baruch, 192

T

Tarso, Saulo de. *Ver* San Pablo

Tomás de Aquino. *Ver* Santo Tomás de Aquino

Torah, 4, 9, 12, 13, 14, 19, 20, 22, 31, 33, 36, 39, 46, 48, 50, 54, 57, 60, 62, 64, 72, 75, 76, 77, 78, 97, 99, 101, 103, 108, 117, 119, 146, 164, 165, 187

Trinidad, 95, 112, 119, 158, 173

V

Vattimo, Gianni, 129, 196

Vermes, Geza, 90, 94, 104, 109, 119

Voltaire, 131, 132, 197

W

Weber, Max, 6, 23, 183

Wedgwood, Emma, 146

Wittgenstein, Ludwig, 129, 133

Worms, Dieta de, 124

Wright, Robert, 29, 45, 133, 135, 139, 151, 155, 156, 162, 165, 190, 191

Y

Yahweh, 29, 34, 36, 37, 39, 72, 90, 101, 108, 109, 112, 131, 135, 137, 162, 163

Z

Zwinglio, Ulrico, 140

NOTAS

3. MITO

1. GREENBLATT, Stephen – *The rise and fall of Adán and Eve*, p.17 – W.W. Norton & Company (2017)

5. EL MITO DE ADÁN Y EVA

1. (Ecclesiastes III:18-20) King James Version
2. (Ecclesiastes III:21-22) King James Version
3. ASIMOV, Isaac – *In the beginning*, p.289, eBook
4. Genesis (III:19) King James Version
5. Genesis (III:17) King James Version

6. CONCIENCIA DE LA MUERTE

1. HOBBES, Thomas – *Leviathan*, pp. 325-326 – Collier Macmillan Publishers (1977)

7. EL MISTERIO DE LA MUJER DE CAÍN

1. GREENBLATT, Stephen – *The rise and fall of Adán and Eve*, p.232 – W.W. Norton & Company (2017)
2. ASIMOV, Isaac – *In the beginning*, p.320, eBook

8. DE CÓMO LA HUMANIDAD SE ESPARCIÓ ENTRE LOS HOMÍNINOS

1. (Genesis VI: 1-4) King James Version
2. ASIMOV, Isaac – *In the beginning*, pp.359-360, eBook
3. WRIGHT, Robert – *The evolution of god*, p.11 – Back Bay Books (2009)
4. ASIMOV, Isaac – *In the beginning*, p.361, eBook
5. ASLAN, Reza – *Zealot*, p.136 – Random House (2013)

9. INTERPRETACIÓN CRISTIANA DEL LIBRO DEL GÉNESIS

1. GREENBLATT, Stephen – *The rise and fall of Adán and Eve*, p.8 – W.W. Norton & Company (2017)
    PLATO – The republic, p. 320 – Everyman (1995)
    GREENBLATT, Stephen – *The rise and fall of Adán and Eve*, p.8 – W.W. Norton & Company (2017)
2. BLOOM, Harold – *Take arms against a sea of troubles*, p.95 – Yale University Press (2020)
3. GREENBLATT, Stephen – *The rise and fall of Adán and Eve*, p.39 – W.W. Norton & Company (2017)
4. ASIMOV, Isaac – *In the beginning*, pp.212-213, eBook
5. DAWKINS, Richard – *The god delusion*, p. 251 – Bantam Press (2006)
6. DAWKINS, Richard – *The god delusion*, p. 251 – Bantam Press (2006)
7. GREENBLATT, Stephen – *The rise and fall of Adán and Eve*, p.126 – W.W. Norton & Company (2017)

10. LOS SERES HUMANOS COMO PRIMATES

1. LUCRETIUS (Titus Lucretius Carus) – *De rerum natura*, p. 398 - eBook
2. MOSER, Stephanie – *Ancestral Images: The Iconography of Human Origins* – p.43 – Cornell University Press (1998)
3. MOSER, Stephanie – *Ancestral Images: The Iconography of Human Origins* – pp.169-170– Cornell University Press (1998)
4. MOSER, Stephanie – *Ancestral Images: The Iconography of Human Origins* – p.169 – Cornell University Press (1998)

11. EL ALMA INMORTAL

1. PLATO – The republic, p. 320 – Everyman (1995)

13. SAN JUAN BAUTISTA

1. (Luke I:80) King James Version
2. (Luke III:3) King James Version
3. ASLAN, Reza – *Zealot* , p.85 – Random House (2013)

14. JESÚS

1. OSHO – Living dangerously, pp.124-125 – Watkins (2011)
2. ASLAN, Reza – *Zealot* , p.xxvi – Random House (2013)
3. (Matthew I: 2-16) King James Version
4. (Matthew I: 20) King James Version
5. ASLAN, Reza – *Zealot* , p.26 – Random House (2013)
6. (Romans VIII:13) King James Version
7. (John I:15) King James Version
8. (Mark V:40-42) King James Version
9. (Mark VIII:27-29) King James Version
10. ASLAN, Reza – *Zealot* , p.149 – Random House (2013)

15. SAN PABLO

1. (Acts IX: 4-5) King James Version
2. VERMES, Geza – *Christian beginnings: from Nazareth to Nicaea, AD30-325"* pp.26-27 – Penguin Books (2012)
3. ASLAN, Reza – *Zealot* , p.192 – Random House (2013)
4. (2 Corinthians XI: 10-14) King James Version
5. ASLAN, Reza – *Zealot* , p.196 – Random House (2013)
6. (Philippians III: 2) King James Version
7. RUBENSTEIN, Richard E – *When Jesús became God* , p.30 – Harvest Books, Harcourt (1999)
8. (Corinthians III: 6-8) King James Version
9. OSHO – Living dangerously, pp.87-88 – Watkins (2011)
10. (Galatians III: 28) King James Version
11. (Romans X:12) King James Version

16. ¿NECESITÁBAMOS UN DIOS HUMANO?

1. VERMES, Geza – *Christian beginnings: from Nazareth to Nicaea, AD30-325"* p.76 – Penguin Books (2012)
2. VERMES, Geza – *Christian beginnings: from Nazareth to Nicaea, AD30-325"* p.106 – Penguin Books (2012)
3. PAGELS, Elaine – *Beyond belief: the secret gospel of Thomas* - pp.44-45– Pan Books (2003)
4. PAGELS, Elaine – *Adán, Eva and the Serpent: sex and politics in early Christianity* - p. 127 – Vintage Books (1988)
5. DAWKINS, Richard – *The god delusion*, p. 250 – Bantam Press (2006)

6. VERMES, Geza – *Christian beginnings: from Nazareth to Nicaea, AD30-325"* p.55 – Penguin Books (2012)
7. VERMES, Geza – *Christian beginnings: from Nazareth to Nicaea, AD30-325"* p.60 – Penguin Books (2012)

17. EL ARRIANISMO, EL CONCILIO DE NICEA Y LA DEIFICACIÓN DE JESÚS

1. RUBENSTEIN, Richard E – *When Jesús became God* , p.56 – Harvest Books, Harcourt (1999)

18. CONSTANTINO Y EL CONCILIO DE NICEA

1. RUBENSTEIN, Richard E – *When Jesús became God* , p.71 – Harvest Books, Harcourt (1999)
2. (Romans X: 4) King James Version
3. RUBENSTEIN, Richard E – *When Jesús became God* , p.56 – Harvest Books, Harcourt (1999)
4. ASLAN, Reza – *Zealot* , pp.213-214 – Random House (2013)
5. VERMES, Geza – *Christian beginnings: from Nazareth to Nicaea, AD30-325"* p.47 – Penguin Books (2012)

21. POSIBLES CAMBIOS EN EL CRISTIANISMO

1. CUPITT, Don – *The meaning of the West – an apologia for secular Christianity* – p.34 – SCM Press (2008)

22. CIENTIFICISMO

1. ANTONELLO, Pierpaolo, *ed.* – Introduction to *Christianity, truth and weakening faith: a dialogue*, p.39 – by Gianni VATTIMO and René GIRARD – Columbia University Press (2010)
2. FROMM, Erich – *The art of loving*, pp. 63-64 – Unwin Paperbacks (1962)
3. DAWKINS, Richard – *The god delusion*, p. 38 – Bantam Press (2006)
4. DAWKINS, Richard – *The god delusion*, p. 19 – Bantam Press (2006)
5. de BOTTON, Alain – *Religion for atheists*, p.11 – Penguin Books (2012)
6. FROMM, Erich – *The art of loving*, pp.61-62 – Unwin Paperbacks (1962)

7. GRAYLING, A C – *The god argument*, p. 108 – Bloomsbury (2013)
8. DAWKINS, Richard – *The god delusion*, p. 31 – Bantam Press (2006)
9. JAMES, Craig A – *The religion virus*, p.192 – O-Books (2010)
10. DAWKINS, Richard – *The god delusion*, p. 165 – Bantam Press (2006)
11. SAN AGUSTÍN – *Confessions of a sinner*, p. 47 - Penguin Books – Great Ideas (1961)
12. HOLLAND, Tom – *Dominion – The making of western mind* – p. 523 – Little, Brown (2019)
13. GRAYLING, A C – *The God argument – The case against religion and for humanism*, p. 13 – Bloomsbury (2013)
14. DAWKINS, Richard – *The god delusion*, p. 109 – Bantam Press (2006
15. de BOTTON, Alain – *Religion for atheists*, p.202 – Penguin Books (2012)

23. DARWIN Y LA EVOLUCIÓN DE LAS ESPECIES

1. UGLOW, Jenny – *Lunar men: the friends who made the future*, p. 270 – Faber and Faber (2002)
2. BUFFON, Georges L L, *Natural History: general and particular... III*, pp.696-697 - U.of Oxford, eBook
3. GREENBLATT, Stephen – *The rise and fall of Adán and Eve*, p.269 – W.W. Norton & Company (2017)
4. DARWIN, Charles – *On the origin of the species*, p.1508 - eBook
5. HOLLAND, Tom – *Dominion – The making of western mind* – p. 425 – Little, Brown (2019)

24. AGNOSTICISMO

1. DAWKINS, Richard – *The god delusion*, p. 46 – Bantam Press (2006)
2. WRIGHT, Robert – *The evolution of god*, p.444 – Back Bay Books (2009)
3. HUXLEY, Leonard – *The life and letters of Thomas Henry Huxley* – Volume 1, p.543, eBook
4. HITCHENS, Christopher – *God is not great*, p.275 – Allen & Unwin (2008)
5. ASLAN, Reza – *God: a human history*, p. xiv – Bantam Press (2017)
6. GREENBLATT, Stephen – *The rise and fall of Adán and Eve*, p.2 – W.W. Norton & Company (2017)
7. GREENBLATT, Stephen – *The rise and fall of Adán and Eve*, p.2 – W.W. Norton & Company (2017)
8. WRIGHT, Robert – *The evolution of god*, pp. 5-6 – Back Bay Books (2009)
9. de BOTTON, Alain – *Religion for atheists,* p.12 – Penguin Books (2012)
10. HITCHENS, Christopher – *God is not great*, p.190 – Allen & Unwin (2008)

11. de BOTTON, Alain – Religion for atheists, pp.183-185 – Penguin Books (2012)
12. HITCHENS, Christopher – *God is not great*, p.195 – Allen & Unwin (2008)
13. HITCHENS, Christopher – *God is not great*, p.196 – Allen & Unwin (2008)
14. HITCHENS, Christopher – *God is not great*, p.5 – Allen & Unwin (2008)

26. EL OCCIDENTE

1. CUPITT, Don – *The meaning of the West – an apologia for secular Christianity* – p.2 – SCM Press (2008)
2. CUPITT, Don – *The meaning of the West – an apologia for secular Christianity* – p.7 – SCM Press (2008)
3. FINKELSTEIN, Daniel – The Times, Wed September 6, 2017 – *Should we care that Britain's lost its religion?*
4. FINKELSTEIN, Daniel – The Times, Wed September 6, 2017 – *Should we care that Britain's lost its religion?*
5. HOLLAND, Tom – *Dominion – The making of western mind* – p. xxv – Little, Brown (2019)
6. CUPITT, Don – *The meaning of the West – an apologia for secular Christianity* – p.48 – SCM Press (2008)

27. EL CRISTIANISMO, EL INDIVIDUO Y EL OCCIDENTE

1. CUPITT, Don – *The meaning of the West – an apologia for secular Christianity* – p.14 – SCM Press (2008)
2. CUPITT, Don – *The meaning of the West – an apologia for secular Christianity* – p.36 – SCM Press (2008)
3. CUPITT, Don – *The meaning of the West – an apologia for secular Christianity* – p.46 – SCM Press (2008)

29. DIOS COMO POSIBILIDAD

1. WRIGHT, Robert – *The evolution of god* , p. 4 – Back Bay Books (2009)
2. WRIGHT, Robert – *The evolution of god* , p. 5 – Back Bay Books (2009)

30. CONCLUSIÓN

1. ANTONELLO, Pierpaolo, *ed.* – Introduction to *Christianity, truth and weakening faith: a dialogue*, p.30 – by Gianni VATTIMO and René GIRARD – Columbia University Press (2010)
2. ANTONELLO, Pierpaolo, *ed.* – Introduction to *Christianity, truth and weakening faith: a dialogue*, p.37 – by Gianni VATTIMO and René GIRARD – Columbia University Press (2010)
3. ANTONELLO, Pierpaolo, *ed.* – Introduction to *Christianity, truth and weakening faith: a dialogue*, p.39 – by Gianni VATTIMO and René GIRARD – Columbia University Press (2010)

www.ingramcontent.com/pod-product-compliance
Lightning Source LLC
Chambersburg PA
CBHW071355290426
44108CB00014B/1564